U0514847

谨以此书献给支持我的人们！

Estonia Croatia
布拉格广场　渔人堡
Hungary Slovakia
立陶宛捷克波兰
Czech Republic
斯洛伐克匈牙利克罗地亚

United Kingdom 英国
俄罗斯 拉脱维亚 瑞典 Poland
Latvia 华沙

699 美金 新东欧 飞遍欧

朱兆瑞◎著

Lithuania

斯洛伐克匈牙利

Sweden

斯洛文尼亚意大利爱沙尼亚

Russia

中华书局

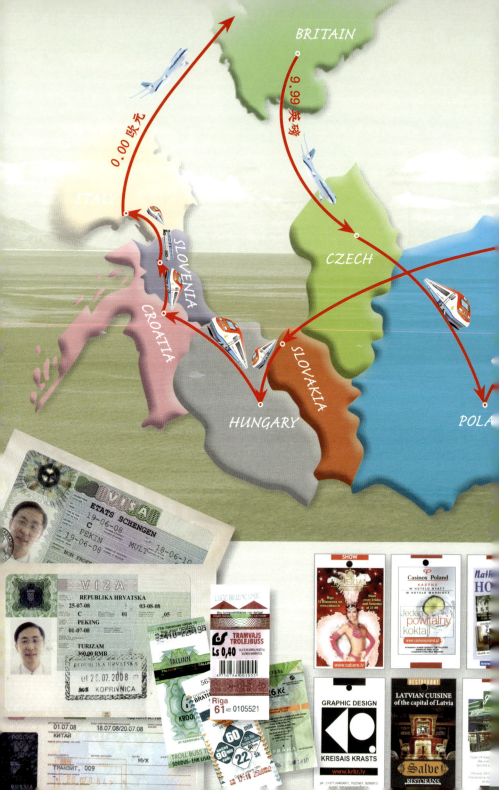

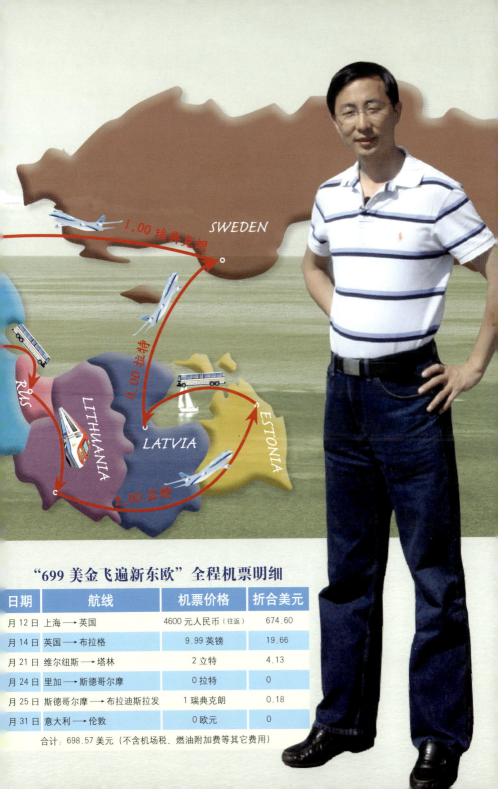

"699 美金飞遍新东欧"全程机票明细

日期	航线	机票价格	折合美元
月 12 日	上海 ⟶ 英国	4600 元人民币（往返）	674.60
月 14 日	英国 ⟶ 布拉格	9.99 英镑	19.66
月 21 日	维尔纽斯 ⟶ 塔林	2 立特	4.13
月 24 日	里加 ⟶ 斯德哥尔摩	0 拉特	0
月 25 日	斯德哥尔摩 ⟶ 布拉迪斯拉发	1 瑞典克朗	0.18
月 31 日	意大利 ⟶ 伦敦	0 欧元	0

合计：698.57 美元（不含机场税、燃油附加费等其它费用）

目 录 CONTENTS

第二章 波兰

第三章 俄罗斯飞地——加里宁格勒

第六章 拉脱维亚

第七章 瑞典

第八章 斯洛伐克

第九章 匈牙利

第十章　克罗地亚

第十一章　斯洛文尼亚

前　言

　　从小到大，我一直生活在部队大院。每到周末的时候，大院里总有一部免费电影播映，外国的片子不是前苏联就是东欧的。从《海岸风雷》到《瓦尔特保卫萨拉热窝》，还有《鼹鼠的故事》……长大之后，我又欣赏了从《布拉格之恋》到《辛德勒的名单》等多部关于东欧的电影，发现这块我们熟知的土地原来并不熟知，除了我们根深蒂固的"社会主义国家"之外，它们是自然、美丽、淳朴的土地，还是著名的波西米亚时尚风情的发源地，很多"小资"的词汇就来源于这块浪漫温情的土地……

　　敲完《299美金飞遍东南亚》书稿的最后一个字，不甘安静的我在欣喜之余忽然问自己，下一次"N99"系列的旅行会去哪里？就在这时，一位读者不远千里来到北京，希望我能帮助他设计出一条游历东欧的线路，圆他一个很多年前就曾经拥有的梦想——寻梦东欧。这不禁让我记起：2007年12月21日，随着波兰、捷克、斯洛伐克、匈牙利、斯洛文尼亚、爱沙尼亚、立陶宛、拉脱维亚这8个前东欧国家和马耳他集体加入《申根协定》，申根协议国创记录地达到了24个国家。这意味着对于中国大陆公民来说，只要手持任何一国签发的"申根签证"，就可以行遍包括上述8国在内的所有申根国家，而不像我之前"3000美金周游世界"时那样，需要逐个国家签证。

　　于是，这块对国人来说充满特殊情结的土地走进了我的视线。在东欧剧变将近20年的风雨岁月中，这些"新东欧"国家又经历了一种

2

怎样的心路历程？尚未被现代社会破坏的东欧自然环境，究竟是否保持着别样的美丽？这些都让我急切想走入这些国家。

东欧诸国之间彼此都很接近，且是陆路相连，如果全程采用飞机，一定会错失掉欣赏波澜壮阔的东欧大平原的机会；如果依次选乘大巴或者火车，那么再美的风景看多了也会产生疲劳。况且整个陆路交通费用下来绝对是笔天文数字，即使使用所谓的火车"PASS"。"用头脑去行走"！结合东欧国家之间的独特地理位置和我对这些国家历史和文化的理解以及交通方式的最优化配置，我设计出了书中所列的这条线路。在这条线路中既包括了此次新加入申根协议的所有8个前社会主义国家，也包括了尚未加入欧盟，但大家非常熟悉的前南斯拉夫加盟国克罗地亚以及俄罗斯的飞地——加里宁格勒。除此之外，在整条线路中还包括了三个西、北欧国家——英国、意大利和瑞典，其中首站从上海飞往英国，不仅是因为那片土地曾经是我生活和学习过的地方，而且在国内所有飞往西欧和中东欧的航班中，飞往英国的票价是最便宜。而意大利、瑞典，除了线路设计的合理性之外，也算是"搂草打兔子"，再次感受一下两个国家的文化吧。

2008年7月12日，与"3000美金周游世界"时的国内出发地一样，我从美丽的"东方明珠"上海飞向了英国，开始了"699美金"新东欧之旅。

3

第一章　捷　克

开始了我新东欧的首航

Take off from the heart of Lon

《生命
不能承受之轻》的
作者米兰·昆德拉曾经生活
过的故土，全世界第一个整座城市
被指定为世界遗产的城市——捷克共和国
首都布拉格早在 200 多年前，就曾经被歌德描绘成
"欧洲最美丽的城市"。这座古迹众多的"百塔之城"在旧
城区的每条大街小巷中几乎都能找到 13 世纪以来的古建筑，虽
然历经战乱，但大部分古迹却奇迹般地被保留到了今日，因此市
内很多地方至今仍然保持着中世纪的模样。再加上卡夫卡、昆德拉、
德沃夏克这些响当当的名字，一次完美的欧洲之行如果没有布拉格一
定会让人感到非常遗憾。在我的第一本书《3000 美金，我周游了世界》
里，我就曾经用"一打可乐，从英国到捷克"这
个标题开始过我的捷克之旅。时隔 6 年之后，2008 年 7 月 14 日，当我
再次飞往东欧的时候，没想到首站与我六年之前前往东欧时的首站竟
然一模一样，又是这座浪漫之城。

将卡尔·马克思曾经说过的一句话——"历史总是惊人地相似"用
在此处真是再恰当不过了。望着舱外万米高空中的朵朵白云，机翼下
英伦三岛的绿色原野渐渐远去，我的心也慢慢恢复了平静。既然是如

此的巧合，或许这还是上天的安排呢，我心里想着。既然是这样，那就让我带着一种探索神秘的浪漫，念着"我喜欢牵着他的手，喜欢他牵着我的思维"这句《布拉格之恋》中的经典台词，从浪漫的布拉格开始我的东欧之旅吧。

在英伦登机前往布拉格的时候，我忽然感觉自己寻找便宜机票的功夫同六年前相比，好像是有了一点点的长进，因为这一次我拿到的从英国飞到布拉格的机票价格仅为9.99英镑，比上一次竟然还便宜了1.51英镑！几年的时间过去了，当年让人很质疑的低成本航空公司今天依然能够放出如此低廉的价格，不仅说明了欧洲航空业的竞争已经到了白热化的程度，而且也说明这几年低成本航空公司在欧洲市场扩张得不错，航线是越开越多，小日子也是越过越滋润了。看来只要坚持打出一片蓝海，符合市场的需求，同样可以获得商业上的巨大成功。试想一下，如果航空公司总拿低票价亏本卖吆喝，估计早就破产倒闭了，哪还有精力在如此长的时间里，年年出售如此低廉的机票啊。当然个中的商业法则我们回头再讨论，但机票从英国到捷克如此便宜，对于我们平头老百姓来说，未尝不是件大好事，无论是公出还是旅行，谁不喜欢便宜机票啊？要知道，即使乘坐最便宜的长途汽车从英国到捷克的车票也没有低于60英镑的，更何况时间要长达22个小时，那可真是要"坐死人"啊。所以我预定的这张机票，

Start 10:00 am (daily). **Duration** 6 hrs.
Incl.: Map of Prague, tram ticket, lunch with drink, 1 hour boat ride with drink and cake.

3

事前可是花了不少功夫才精心选择到的，可以毫不夸张地说，这张票的价格应该是我预定机票那天所有从英国机场飞往捷克布拉格的航班中最低的。

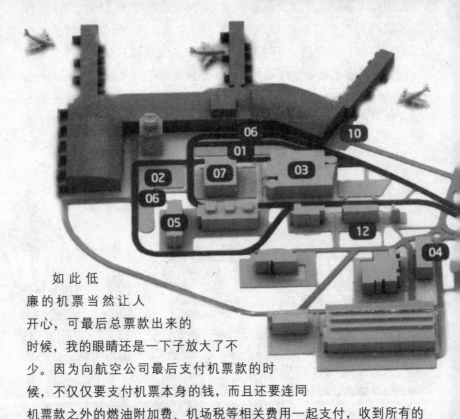

如此低廉的机票当然让人开心，可最后总票款出来的时候，我的眼睛还是一下子放大了不少。因为向航空公司最后支付机票款的时候，不仅仅要支付机票本身的钱，而且还要连同机票款之外的燃油附加费、机场税等相关费用一起支付，收到所有的

4

Bus Flughafen / Zentrum / Metro, Straßen

相关款项之后航空公司才能发出机票。这就好比，在我们国内，无论国内机票我们是几折买的，150元钱的燃油附加费和50元的机场建设费是跑不掉的一样，必须交纳而且不能打折。除去机票本身之外的这部分费用可比当年我周游世界时涨价了不少，在《3000美金，我周游了世界》这本书第三大页的左下角可以看到，当年我周游世界时所有机票的机场税等杂费加在一起才 *276.23* 美元，而今天全球所有的航空公司都提高了机票燃油附加费等相关费用，这些费用有的已经远远地超过了机票本身的价格，这不能不叫人心疼啊！不过事后想想也是，航空公司有权利打折的也只有机票本身，那些税啊费啊什么的，很多都是航空公司代收之后要交给政府或者相关部门的，即便买的是全价机票这部分也一分不少都要交纳！现在大家谁都不傻，没有一个人不会算这个帐的，否则低成本航空公司早就倒闭了，

哪还有爆满得一塌糊涂的盛况出现？！更何况现在石油都涨到100美元以上了，可六年前才多少？哎，谁让咱命不好呢，赶上了一个全球通胀的新时代！

BERLIN
DRESDEN
ÚSTÍ NAD LABEM
SLANÝ

R7

PŘÍJEZD
ENTRANCE

VÝJEZD
EXIT

布拉格机场

Transport zum/vom Flughafen

rport Express

zielle Buslinie **Flughafen Ruzyně – Metro A Dejvická**
etro C Nádraží Holešovice.

etrieb täglich von 5.00 bis 22.00 Uhr, Intervall 30 Minuten.
rpreis 45 CZK (Flughafen – Metro A Dejvická – 30 CZK),
der (6-15 Jahre) 25 CZK (Flughafen – Metro A Dejvická
CZK).

Los Angeles　New York　London　Sydney

5

Dopravní podnik
hlavního města Prahy

鸟枪换炮啦?

尼采说过:"当我想以另一个字来表达音乐时,我只找到了维也纳;而当我想以另一个字来表达神秘时,我只想到了布拉格……"

当年我来捷克时留下的记忆今天依旧在我的脑海之中挥之不去,六年过去了,神秘浪漫的布拉格从经济生活到人的精神状态,都会发生怎样的变化?当再一次光临这座"百塔之城"时,我又将用怎样的心情来看待这里所发生的一切?在飞机上我已经迫不及待地想知道这其中的答案了。六年的光阴对于任何人来说应该都不算是短暂的光阴,就连我自己的人生轨迹都在这几年之中发生了巨大的变化,从一个海外学子开始了自己人生的创业。但对于历史长河来说,六年的光阴又太短暂,太微不足道了,或许根本就看不出一个国家能有多大的变化,但我想细微的变化总应该还是有的,这不,从下飞机的那一刻起,我就已经感受到了这种变化。

与上海不同，所有飞往布拉格的国际航班都会飞到 RUYZNE 机场。这个距离市内大约有 17 公里远的机场绝对是捷克的空中门户，经过重新修建过的 RUYZNE 机场虽然与伦敦希斯罗机场和法国戴高乐机场相比，无论在机场规模还是硬件设施上目前还是无法相提并论，但是与六年前相比那可真是鸟枪换炮了，至少步行滚梯等硬件设施现在都出现了，算是迈入现代化国际机场的行列了。RUYZNE 机场有三个候机楼，但主要使用 1 号和 2 号候机楼，从美国、英国等非"申根"国家抵达的飞机会停在 1 号，"申根"国家抵达的则停在 2 号，公务机等则停在 3 号。听说目前捷克政府正计划以 35 亿欧元的价格出售这

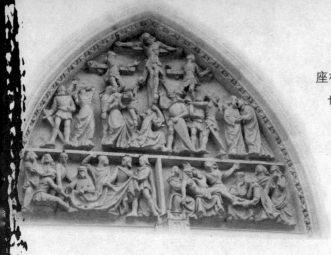

座机场以便私有化，政府也将转让其持有的全部国有股份，私有化之后的机场软硬件又将如何，那可就要等下次再来捷克时作评判了。（www.csl.cz）

在我的上两本书中（另外一本是《我如何获得 40 国签证》），我有描述上一次来捷克之前，本来已经办好旅游签证，但后来由于护照在西班牙的巴塞罗那被抢，弄得我当时狼狈不堪。不仅损失了金钱、损失了时间、损失了心情，还翻遍了巴塞罗那的垃圾桶，而且在拿到补发的中国护照之后还为此又去了一次捷克使馆，重新申请到一张捷克签证，才得以成行。而这一次我下机

.. St Vitus's Cathedral ..

之后办理捷克的进关手续时，就没有如此麻烦了。从2008 年的 1 月 1 号开始，由于新的"申根协定"开始生效，持有"申根"任意国家签发的有效"申根签证"都可以自由进出捷克，换句话说，持有捷克签发的"申根签证"也可以自由进出其他"申根"国家，这可为我们持有中国护照的旅行者，减少了好多不必要的麻烦。但对于持有欧美、日本、新加坡等国家和地区护照的人来说，这一点倒没有什么，捷克加不加入"申根协定"都与他们无关，反正只要手持他们国家的护照，不要说进入捷克了，就是到整个欧盟、美国去旅游，都全部免签，根本就不需要签证。

Prague Airport

改革的速度
还真不慢！

PRAGUE CASTLE

VLTAVA RIVER

JEWISH QUAR

Staroměstská

OLDTOWN
BRIDGE TOWER

ESSERTOWN
QUARE

KŘIŽOVNICKÁ

OLDTOWN SQU

KARLOVA

KARLŮV MOST
CHARLES BRIDGE

MEETING POIN
BY THE STATUE OI
THE KING CHARLES
AND OLD TOWN SQU

TRAM STOP
KARLOVY LÁZNĚ
TRAMS 17 OR 18

AMPA
SLAND

NATIONAL TH

DANCING HOUSE

通过移民局和海关的例行检查，推着行李车刚走出机场大门，我就立刻感受到了布拉格这座辉煌城市的热闹。与几年前相比，现在不仅乘机的人数和航线大幅增加，而且现在这里也已和许多国家机场接轨，钱币兑换中心、邮局以及租车服务、酒店预定中心等一应俱全的服务设施也已经跟上了时代发展的脚步，给我以耳目一新的感觉。还是老规矩，到一个地方做的第一件事情就是到当地旅游局设在机场的"INFORMATION"去取免费的市区地图和相关信息。不过这次我在此柜台前找了半天，也没有看

JÍZDENKY		18 Kč	9 Kč	9 Kč
	Limitovaná * 20/30 min.	18 Kč	9 Kč	9 Kč
	Základní 75 min.	26 Kč	13 Kč	13 Kč
	1 den 24 hod.	100 Kč	50 Kč	50 Kč
	3 dny ** 72 hod.	330 Kč	•	•
	5 dní ** 120 hod.	500 Kč	•	•

见我之前用过的布拉格立体三维立体地图，最后一问才知道，目前这种版本的地图已经由过去的免费改为收费了。闻听此言后，我楞了一下，看来捷克改革的速度还真是不慢。既然如此，那还是先拿一份免费的平版地图先用吧。后来发现这新版地图的设计也还不错，小巧实用、美观大方，还有一种浪漫的味道。

之后我就开始了第二件事情——换钱，关于这一点，我在前几本书中也做了多次详细的介绍。这里面的技巧可不少，换不好会让自己的口袋大幅缩水的，这个项目是自助旅行的必修课，一定要通。目前捷克与六年前一样，还依旧在使用自己本国的货币——捷克克朗（CZK），而没有像它的邻居奥地利和德国，早已经开始使用欧元了。据说当年捷克加入欧盟之后，态度特别积极，

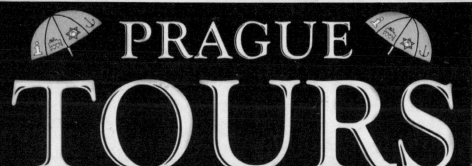

想早点加入"欧元区"，对于《马斯特里赫特条约》所规定的加入欧元区的所有标准，都准备认真履行，对本国的退休制度和健康保障体制也准备进行一番大刀阔斧的改革。可后来发现，自己克朗的升值速度远远高于欧元，在过去三年之中，竟然已经超过了欧元 15%。也就是说，捷克人现在拿着自己的货币

去靠近奥地利边境的地方度假，比在本国消费还便宜。这样一来，本届政府自然就没有多少积极性了，对快速引入欧元也打起了太极。虽然现任政府总理托波

拉内克领导的内阁一再表示捷克早晚会加入欧元区，但考虑到要想引入欧元作为货币首先还要经过一个为期 3 年的准备期，所以以目前的态势来看，到捷克花欧元至少要等到 2012 年之后了，这还算是最早的时间表，所以现在到捷克旅行还是乖乖地进行货币兑换吧。如果将"天下乌鸦一般黑"这句话用在全世界机场的货币兑换所，那的确会冤枉很多机场，但大部分机场相信还是会验证这句话的。我一问，在这里兑换克朗不仅全部要收取高额的手续费，有的甚至竟然要高达 10%，而且还要交纳一笔最少兑换金额的手续费。捷克女孩温柔的微笑就能让我的钱大幅缩水？并且汇率也极其不合理，这买卖我可不干。与其这样，还不如干脆直接到 ATM 机上取现金呢，即使要付一笔 2% 的手续费，但至少汇率上是不会吃亏的，花钱咱不也是要花到明处嘛！

　　后来在市区，我发现到处都是换钱的，并且很多家都不

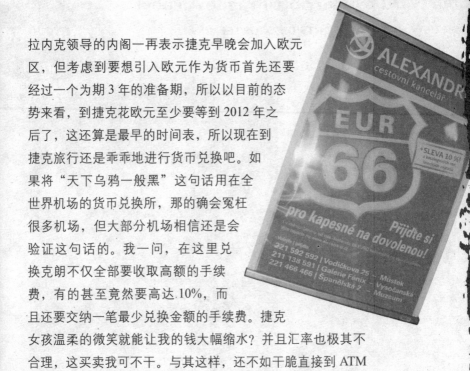

收手续费。不过，需要注意的是，不要一看有的兑换点前的大数字将汇率写得特别好，就一冲动进去换，其实实际一换，却发现汇率不是这个。原来，那个特别好的汇率，要么是卖出价，要么是要换多少钱以上才能得到的优惠价，总之是有一定附加条件的，所以一定要先睁大眼睛仔细看一看有无附加条件的小字！

14

便宜到家的车票？

布拉格市中心并不大，A、B、C三条主要的地铁线（5:00—24:00）和26条有轨电车（4:30—0:15）线路就构建起了城市主要的交通网络。中心火车站、长途大巴站、布拉格城堡等主要的旅游景点，

Dopravní podnik
hlavního města Prahy

PRAŽSKÁ
INTEGROVANÁ
DOPRAVA

TERMINÁL 1

Nástupiště / platform E

119 Dejvická ⊡ → CENTRUM

510 Sídliště Stodůlky
（přes Divoká Šárka 亭亭 → CENTRUM）

乘坐这两种交通工具都可以抵达。一般酒店的位置也距离上述交通工具的站点不远，我们这次住的地方也是乘坐地铁或者有轨电车就可抵达。尽管六年的时间过去了，连北京首都机场都在奥运会前开通了机场快线，但是布拉格 RUYZNE 机场目前前往市内，还是没有地铁、轻轨可乘，依旧要选乘公共汽车、机场大巴或者打出租车。不过这点对我来说无所谓，走出机场大门没有几步，熟门熟路的我就找到了 119路大巴站。这个 119 路在整个捷克都是大名鼎鼎，如果不是打车去市内的话，一般的乘客都有可能乘坐它前往地铁 A 线的终点站 Dejvicka（也是 119 的终点站）之后再前往市中心。车程仅 25 分钟，方便快捷，也不用担心乘错站，大巴不再开了就到了（终点站）。当然如果想直接换乘地铁 B 线的话，在此乘坐 100 路、179 路或 225 路也可，这些线路都与 B 线相交。

尽管岁月已经过去了六年的时间，但是119路的乘车地点和乘车时间感觉还是没有任何变化，如果要说有变化的话，那就是大巴车内的硬件设施好了很多，当然随之而来的就是票价的调整，目前26克朗的车票（约合人民币9元），足足比六年前贵了一倍还有余，这还不算我们另外购买的一张13克朗的行李票（超过25*45*70厘米以上的行李，需额外再购买一张行李票，

票价为车票的50%）。不过与乘出租车到市内的6、700克朗或者从伦敦希斯罗机场乘地铁到市内的7英镑相比，这个价格简直算是便宜到家了。

在整个布拉格 或 者

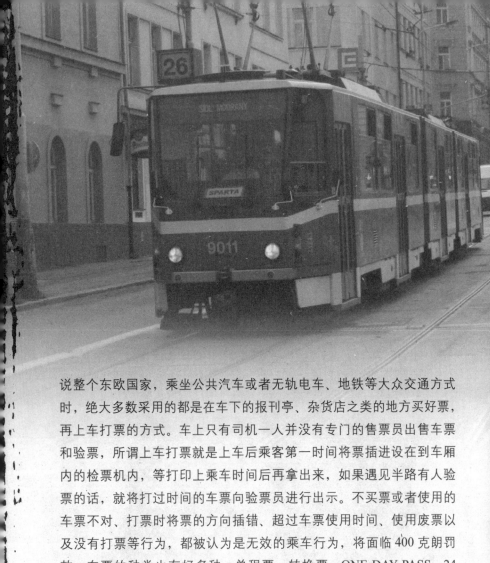

说整个东欧国家，乘坐公共汽车或者无轨电车、地铁等大众交通方式时，绝大多数采用的都是在车下的报刊亭、杂货店之类的地方买好票，再上车打票的方式。车上只有司机一人并没有专门的售票员出售车票和验票，所谓上车打票就是上车后乘客第一时间将票插进设在到车厢内的检票机内，等打印上乘车时间后再拿出来，如果遇见半路有人验票的话，就将打过时间的车票向验票员进行出示。不买票或者使用的车票不对、打票时将票的方向插错、超过车票使用时间、使用废票以及没有打票等行为，都被认为是无效的乘车行为，将面临400克朗罚款。车票的种类也有好多种，单程票、转换票、ONE DAY PASS、24 HOURS PASS 等，真像是进了大超市，各种组合产品应有尽有。应该说设计者考虑得真周到，针对不同的需求都有不同的产品，但种类太多的话，带来一个另外的问题就是会把人搞蒙的。其实在布拉格，由于主要景点几乎都在1区，走路就可以抵达，所以不建议购买种类复杂的PASS（通票）。不过，要是到了巴黎或者

伦敦，如果不买一日或者几日PASS的话，那就一定"死"得很惨了。

　　想要了解自己到底买哪一种票，除了买票时向当地人咨询之外也可以登陆各个城市的公交网站，上面都有详细的介绍，对于布拉格，http://www.dpp.cz这个网站上面介绍的信息还是比较详细的。比如说我们买的这张26克朗的票，除了允许乘坐119路公共汽车之外，还允许乘坐地铁和电车，当然，整个过程一定要计算好时间而且动作要快，必须在90分钟之内完成（如果在工作日8:00—17:00之间乘坐，只允许75分钟之内）。

　　电车22路和18路绝对是在布拉格能看到最美丽风景的两条线路。受全球通胀的影响，从2008年1月1号开始，布拉格的公交车票也全面涨价，现在便宜的一张单程票已经18克朗了。不过，呵呵，这个价格要是换算成人民币和北京的2元钱的公交车票相比，那就不能算便宜了。而且这张票还必须在20分钟之内乘坐完毕，否则要么再买新票；要么运气不好，被逮着之后不仅要面临高额罚款，而且还会丢中国人的脸，这买卖可就亏大了。

天下没有完美的男人，
却可能有完美的爱情

从 119路下车，我又一次走进了启用于1978年的布拉格A线地铁。享有"世界建筑艺术博物馆"之称的布拉格拥有各类古建筑1700多处，由于古建筑很多，市区道路相对狭窄，加上近年来捷克经济的复苏，汽车的数量自然也不断增长，与世界上其他大城市一样，布拉格也不可避免地患上"拥挤症"。在这种情况下，地铁对于布拉格人的出行就显得尤为重要。目前地铁在繁忙时平均每两至三分钟就有一班车，每年大约有7亿人次使用地铁，三条线路的总长度超过了50公里，共设有54个车站，且规模和功能还在不断扩张。所有的地铁大厅都由闭路电视和远红外控制，买票也全部使用机器，我没有看见过一名穿制服的工作人员。虽然这里没有巴黎地铁的豪华、斯德哥尔摩地铁的艺术、纽约地铁的长度、上海地铁的拥挤、北京地铁的嘈杂，但是它却蕴涵着布拉格特有的古色古香，精巧美观，干净整洁。

可能是由于晚上的原因吧，车厢里已经没有太多的人了。在等车的间隙，我的目光在努力地找寻《6封布拉格的情书》里提及的广告位，想亲眼看一看那封公开的情书："亲爱的罗拉：你什么都没留下，只留给我思念……"但遗憾的是直至几班车来，都没有找寻到。这部由最受捷克人喜欢的中生代作家——米哈·伊维写的通俗爱情小说情节并不复杂，主要描写了三个女人的爱情故事，文笔也不高深，阅读起来也非常轻松。作者用捷克式的幽默和节奏明快的笔法，抓住爱情这条主线，捕捉住了独立之后的捷克人面对美国价值观念的强烈进入所产生的传统价值观与现代西方价值观的碰撞，在字里行间流露出了作者对捷克当代社会现状的讽刺揶揄，细致展示了当代人处于轻盈和失落之间的情感。作品是轻盈的也是沉重的，是了解东欧巨变之后捷克人思想状态的一部非常优秀的作品。今天我来到

21

这部作品的发生地，更让我有种身临其境的体验。这部作品会让人感受到捷克文化在面临以美国文化为代表的西方强势文化的冲击下，依然能够坚持立足本土，张扬个性的精神，因此，时至今天，捷克文化依然能够自豪地立足于世界文化之林。这也就不难理解为什么这部作品目前已经成为了欧洲各国大学学生了解捷克当代文学的必读作品了。

坐在地铁的车厢中，一路下来，我的思绪还是沉浸在作品之中。当我们每一个人都在渴望爱情的时候，我们为此真正付出的又是多少？当现代爱情被赋予了更多的房子、车子、银子等物质元素之后，我们心中的纯粹爱情到底又在哪里？这些问题看似简单，但实现起来并不容易。"其实我要求的真的不多，"罗拉看着英格丽说，"两个健康的小孩，和一个看起来不像流浪汉的男人，就这样。或许还要一栋红墙的白色房子，还有壁炉……"这样的要求确实不高，可是罗拉却求不到，英格丽也往往落空，那问题到底出现在了哪里？也许作者已经在书中给出了答案——"爱情一直在那里——在分手与相逢之间，在追求的行动之中"。望着急速后退的空荡荡的站台，此时此刻，我身临其境更能体味作者当时的意境，而这部作品揭示的另一则隐喻也让我不得不陷入深深的思索之中："天下没有完美的男人，却可能有完美的爱情———假如你放弃幻想；世上没有理想的社会，却可能有理想的生活———假如你接受现实。"

没准儿还要惹上官司呢！

在这次"699美金飞遍新东欧"的整个行程之中，我一直想加入一段长距离的火车行程。除了可以好好欣赏一下窗外美丽自然的东欧山水风景之外，主要也想感受一下这几年东欧火车的变化，但加入一段已经足矣，如果段数过多，人天天睡在火车上会感觉到非常疲惫的，毕竟在床上睡觉还是要比火车上睡得更踏实。这也是为什么我在设计这条线路的时候，在中间很多地方都加入了飞机，而没有安排整个行程从头到尾都坐火车的主要原因。将整个行程做下来，毫无疑问从捷克的布拉格到波兰的华沙之间，无论是乘车时间还是乘车距离都是一段再合适不过的选择了，试想一下坐在飞奔的火车上，透过车窗欣赏着好似一副油画的绿意葱茏的波希米亚大地，该是多么惬意浪漫的一件事啊。（关于如何在欧洲非常省钱地乘坐火车、购买哪一种相关火车通票"性价比高"等资讯请参见《3000美金》）

Datum	Odkud/Přestup/Kam	Příj.	Odj.	Pozn.	Spoje
			21:24		R 201/202 R
16.7.	Praha hl.n.				
17.7	Warszawa Centralna	7:05			
	9 hod 41 min, 774 km				
	jede denně				

我选择的这班火车是 16 号晚上 21:14 开车，17 号早上 7:05 抵达华沙的中央火车站，夕发朝至，正好可以在火车上好好休息一个晚上，顺便还节约了一晚的住宿费。在出发之前就想预定下来这张车票，但遗憾的是目前东欧的火车体系与西欧相比，还有一定的差距，在网上目前还不能直接出东欧火车票 (www.cdrail. cz)，只能在抵达布拉格之后，去火车站或者当地的旅行社直接购买。为了不耽误整个行程，第二天一早，在开始整个布拉格的行程之前，我首先来到了布拉格中央火车站（Praha-hlavni nadrazi）购票。

在《3000 美金》那本书中，我已经对布拉格的相关交通做了介绍，阅读过的读者都知道我来到的这个车站是布拉格四个火车站中最大的车站，也是很多国际列车的经停站。火车站的位置非常好找，无论是乘坐有轨电车还是地铁，甚至步行都很容易抵达。穿过车站前的利盖尔公园（RIEGROVY SADY），车站大门就出现在了眼前。小巧玲珑的利盖尔公园并没有太大的变化，同几年之前一样绿意盎然、干净整洁，要说有大的变化那就是我发现在绿油油的草地旁出现了几个小柱子，这是做什么用的？之前我还没有见过呢。

　　原来这是因为随着布拉格市民口袋里钱的增加，现在城市中养狗的人也是越来越多，这宝贝多了，自然就要带出去溜溜，可一溜，这麻烦事就出来了，那就是狗屎。总不能大街小巷上搞的都是它吧，那味道可就不太好了，再说也影响城市美观啊，布拉格可是座国际旅游城市，很多人就靠旅游收入吃饭呢。可也不能不让溜，欧洲国家对动物权利保护也是很厉害的，要是被剥夺了溜达的权利，没准儿还要惹上官司呢！当时这个两难的问题把市政府给难得够呛，后来经由高人指点，市政府才想出办法。出资设立了一些这样的柱子，在这些柱子的盒子里放了好多干净的纸袋，方便大家任意取用，这才总算平衡了二者的权利，问题也算得到了圆满的解决。

这一次我也算

进步了一回儿

今天我正好赶上这座历史悠久的罗马式火车站正在进行大规模重新装修和扩建，很多部位都被挡板拦了起来。上一次到这里买票也是去波兰，只不过不是去其首都华沙，而是前往波兰的曾经首都、天文学家哥白尼的母校所在地——克拉科夫。

虽然目前正在经历大修，但车站的运营情况好像并没有受什么影响，依旧人来人往、熙熙攘攘。到这里买票，其实最大的担心不是排队浪费时间（本来就没有几个人），也不是担心票贩子的骚扰（火车票敞开供应），而是语言，拥有42个字母的捷克语俺可是一个也不认识。由于东欧国家很多城市的火车站并不是一个，而是多个，有很多火车，尤其是快车，可能经停这个而不停那个站，所以如果搞不清楚站名和目的

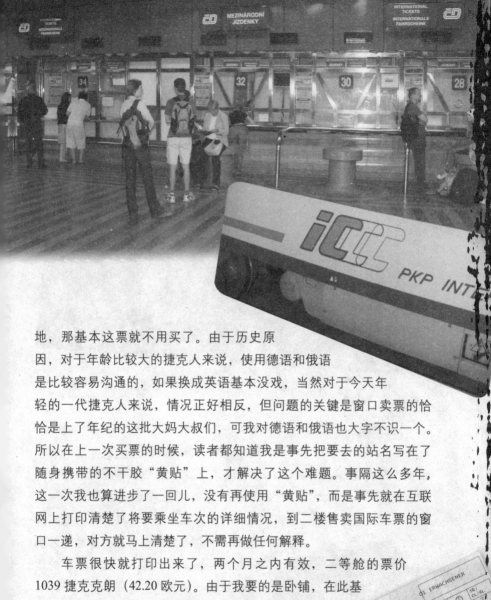

地，那基本这票就不用买了。由于历史原因，对于年龄比较大的捷克人来说，使用德语和俄语是比较容易沟通的，如果换成英语基本没戏，当然对于今天年轻的一代捷克人来说，情况正好相反，但问题的关键是窗口卖票的恰恰是上了年纪的这批大妈大叔们，可我对德语和俄语也大字不识一个。所以在上一次买票的时候，读者都知道我是事先把要去的站名写在了随身携带的不干胶"黄贴"上，才解决了这个难题。事隔这么多年，这一次我也算进步了一回儿，没有再使用"黄贴"，而是事先就在互联网上打印清楚了将要乘坐车次的详细情况，到二楼售卖国际车票的窗口一递，对方就马上清楚了，不需再做任何解释。

　　车票很快就打印出来了，两个月之内有效，二等舱的票价1039 捷克克朗（42.20 欧元）。由于我要的是卧铺，在此基础上又额外加收了一点钱，考虑到还节省了一晚住宿，"性价比"不错。

什么是 "生命中不能承受之轻"

　　坐落在欧洲中心，有着浓浓艺术气质的布拉格（www.mapy.cz），无疑是一座融合了古老与现代的大都市，整个城区被分为10区，几乎所有的古迹景点都坐落在以横跨伏尔塔瓦河上最古老的查理大桥为中心，东西两岸半径大约为两公里的范围内。在这个范围之内，罗马式、哥特式、文艺复兴式、前苏联式、巴洛克式、洛可可式以及现代式的建筑全部都可以找到，仿佛穿行在建筑艺术的博物馆世界。而欣赏这些百年千年的建筑和古迹最好的方式无疑就是走路，而且还要不着急，慢慢走，迈着悠闲的步子慢慢逛，慢慢欣赏。走累了，也不要吝啬口袋中的克朗，花一点点到路边的咖啡馆休息一下，慢慢地品味一下布拉格

　　咖啡的味道，再看看街上的风景，不知不觉间，就会发现到底什么是"生命中不能承受之轻"，答案已经悄然地深藏在了心里。

　　事实上，在这个区域之内走路，慢慢就会产生一种有点高贵，有点柔软，有点醉人的感觉，而这种感觉才是对旅途、对生活的一种享受。试想一下：头顶蓝蓝的天，走在中世纪的小巷石板路上，身旁有树影，也有微风，不时还有古老与现代相结合的电车慢慢驶过，时不时还会传来悠扬的音乐声，眼睛里除了古老与现代的建筑，就是各式各样的街头雕塑以及小店橱窗里迷人的波希米亚风韵和来自全世界各地与我们一样悠哉乐哉的游人，不大一会儿就会有一种时空交错的错觉，这是多么波希米亚的事情啊。所以到了布拉格，一定要有"暴走"的心里准备，一定要懂得走路也是在欣赏艺术，享受生活，如果连这个都做不到，那还真不如不来。

布拉格 魅力

如果不是有特殊的爱好，用一到两天的时间完全可以欣赏完忧郁多情的布拉格。"暴走"的起点设在地铁 A 线和 C 线的换乘站 MUZEUM，无疑是一个最佳的选择。这个地方在布拉格可是无人不知，无人不晓，尤其是在当地华人世界，据说当地的每一位华人都在此约会过朋友，尤其是对于这座城市还不熟悉的时候，这个布拉格地标无疑是最好的选择。我从中央火车站走过来穿过布拉格国家歌剧院不久，就到了这里，别说还真在这儿碰见了几名来自国内福建的同胞在等朋友。如果从地铁口出来，一眼就能看见矗立在眼前的"大铜马"雕像，这就是被称作波希米亚最初国王，也是他们保护神的瓦茨拉夫（VACLAV）的骑马雕像。传说是他在国家危难的时刻，叫醒了还在熟睡的

30

骑兵并带领他们打退了敌人的进攻。

雕像的身后是建于1890年的宏伟的新文艺复兴式建筑——国家博物馆（www.nm.cz）。这座巨大的建筑主要由历史与自然科学博物馆和图书馆组成，外部建筑中间的凸起部分和四周的角楼，都被装饰成了青铜色，在天空的映衬下显得异常庄严厚重。与四周角楼不同的是其外面的墙面却保留着像旧线装书一样的颜色，似乎在告诉人们这是一座什么样的建筑。门前一组气势非凡的阶梯，更使整个建筑显得非常大气和辉煌。但可惜的是虽然里面的装饰非常精美，但藏品却多少让人感到有点失望，矿石、标本的收藏倒是很丰富，还有红、蓝宝石与一颗

31

516.50克拉的宝石也可一看，但其他藏品与大英博物馆的水准相比简直差的太远。不过，将它用做拍照的背景，可是很多游布拉格人的最爱。

雕像所处的位置就是今天整个大布拉格的市中心——著名的瓦茨拉夫广场（Václavské Náměstí）。虽然名字叫广场，但如果我们惯性思维把广场理解成正方性或者很广阔的一大片领域，那么，对布拉格，或者对欧洲其他城市，未必完全适用。事实上，这个广场宽60米，长却有750米，其规模和形状

称之为"瓦茨拉夫大街"可能更符合我们的称谓习惯。在中世纪的时候这里还是一个干草市场，后来随着历史的发展，逐渐演变成了一条繁华的商业大街。街道两侧店铺林立，终日充满熙熙攘攘的人流，类似于上海的淮海路，被称之为布拉格的"香榭丽舍大街"。捷克最高级的波希米亚水晶顶级品牌——MOSER 在这条大街上也开有一家专卖店，皇家级的 MOSER 产品稳重华贵，充满质感，雕花工艺复杂细腻，晶莹剔透，撞击后声音悦耳，绕梁三日余音未消，是许多欧洲皇室使用的玻璃器皿，产品已达登峰造极的地步。要是买来，作为自用或者送给要结婚的朋友倒是不错，但就是价格奇贵，一个水晶玻璃杯的价格至少就要 100克朗以上。当然这家店的服务不错，店员亲切友善，当金额到

10000 克郎以上时，他们还会免费送到下榻的酒店。我最后想想还是算了，没有购买，毕竟玻璃制品易碎，我还有好多国家要去呢，只能留待下次了。

这里是名副其实的布拉格商业中心，在许多高大气派的现代欧式建筑之下，银行、书店、旅行社、高级酒店、商场、咖啡馆等应有尽有，但整

BATTELLO, TRAM, PRANZO, BIBITE ED UNA

Gran Gir

TUTTA PRAG

体规模和气势与欧洲其它城市相比，我并没有看出这里的特别之处。在大街两侧的林荫人行道上，还设有各种旅游产品摊位，报刊亭、快餐厅、公共洗手间等服务设施一应俱全，同时在街道中间又非常欧式化地隔出了一条空闲带，被一些特色雕塑装饰得相当有艺术气息，除了这些和绿地之外还设有很多座椅，供游人休息。

　　瓦茨拉夫广场对于

捷克人来说，应该有种特殊的情结，是当代布拉格民众最重要的活动场所，很多具有历史意义的大事件都曾经在这里发生。1969 年，东欧最古老的大学之一——布拉格查理大学两名年轻的学生 Jan Palach 和 Jan Zajic，为了抗议前苏联当时对捷克的入侵，在这里以极端的自焚方式发出了捷克民族的悲痛与呐喊，顿时震惊了整个世界，当年的那个历史事件就是著名的"布拉格之春"。20 年后"天鹅绒革命"又是发生在这里，上百万捷克民众聚会在这里，没有发生流血冲突而实现了独立的要求。漫步在这里，我发现这两个年轻人的头像被刻在了瓦茨拉夫雕像下的花岗岩石板上，上面还摆放了几束不知道谁送来的美丽鲜花。独立仅仅15 年的年轻捷克共和国，也许每一个位国民都在经历着人生的一场巨变，了解捷克的这段历史，也许我们也就不难理解以米兰·昆德拉为代表的捷克文学家们作品的内涵了。

我的目光从这里转向了身后繁华的大街，大街上早已是人声鼎沸、热闹非凡了。忽然在瓦茨拉夫雕像前休闲带的椅子上，我的目光扑捉到了一位美丽文静的捷克女孩，她没有过多的装扮，自然而清新，从容不迫而又落落大方地呈现在世人面前，周围的一切喧闹似乎都与她无关，一个人静静地坐在椅子上，沉浸在书中的世界。我不知道她所读的作品是近代还是现代亦或是其他，但此时此刻这些似乎都已经不重要了，这个弱小的国家在历史的长河中多次被异国吞并入侵，一次次失去了自我，一次次又找寻回自我，一个热爱学习、牢记历史的民族无论如何都是值得人尊敬的。

卡夫卡曾经说过："布拉格是不可动摇的，她内心的矛盾与纠纷也不能影响她，也许这就是布拉格的魅力吧。"

捷

克在历史的发
展中，虽然曾受
前苏联的影响，但是在
文化、建筑的发展方面绝对和西方关系亲近，这一点从瓦茨拉夫广场
两旁的建筑上就可以完全感受的到。整座广场就如一部活
的历史书、一座活的建筑博物馆，每一座建筑都让人赏心
悦目，给人自由、浪漫的美感，真不愧是"世界文化遗
产"之城。沿着瓦茨拉夫广场闲逛下来，一会儿就走到这
条大街的底角了，地铁 A 线和 B 线相交的 MUSTEK 站也
在这个地点。站在这里如果顺着大部分人流直行进入 NA
MUSTKU 小巷的话，出来就会见到闻名的天文钟，但这
样一来就很容易错过著名的"火药塔"和布拉格新艺术式
的代表建筑"市民会馆"了，因为从天文钟再往前行就是
美丽的伏尔塔瓦河上的"查理大桥"了。所以我个人的建
议是走到这里的时候可以先向右拐，进入同样是商店众多
的那·普西克佩大道（NA PRIKOPE），走几分钟就会看到

我所提到的地方，之后再从"火药塔"抵达天文钟，这三个点如果在地图上看的话，会发现是一个长三角形，走路 10 分钟就搞定了。收藏和展出当年的捷克斯洛伐克第一套邮票设计者——穆卡画作的"穆卡博物馆"也距此街不远（www.mucha.cz）。

那·普西克佩在捷克语中的意思就是"壕沟的上面"，这是因为 1760 年的时候，当时为了保卫布拉格老城区，就在这条马路上挖掘壕沟，后来填埋了壕沟之后，就形成了今天的大街。大街上除了圣十字架教堂之外，就是各种时尚购物店和出售波希米亚玻璃制品的商店了，数量一点也不亚于瓦茨拉夫广场，有点类似于北京的王府井。但比瓦茨拉夫广场显得更平民、舒适，几个欧美的平价时尚品牌 H&M、Mexx 等都集中在这里。进去参观了几家，感觉和巴黎、米兰、伦敦等城市的购物店相比，多少还是有一定的差距，由于处在旅游区，里面商品的价格也可想而知。但尽管如此，在几家店里我还是遇见了不少来自国内的公务团组，正在导游的带领下疯狂地抢购，以显示我堂堂中华的富有。走出店来，阳光明媚，发现熙熙攘攘的人流还真不少，很多人都是全家过来闲逛。在街中央由世界各国孩子们所摆的积木区中，我忽然发现了几个让我非常亲切的汉字："抗震救灾！中国加油！"

感受对音乐、
艺术的痴迷

VLTAVA RIVER CRUISE			
7	🕐 1.5	🚐 Adults	🚢 Students	Children
Price:		350 Kč	320 Kč	250 Kč
11:30 14:30 15:30 daily				

WALKING TOUR – KING'S WAY AND THE INFANT JESUS OF PRAGUE			
5	🕐 2	Adults	Students	Children
Departure: 13:00 daily	Price:	300 Kč	300 Kč	

目前仅存的原为布拉格 13 座旧城门之一的鼎鼎大名的火药塔 (Prasná brána)，根本不用任何人指点就会从很远的地方看到这座表面黑黑的后哥特式建筑。这座建于 1475 年的火药塔可是当时布拉格防御体系中非常重要的一环，是进入布拉格旧城的主要通道，也是当时市议会送给国王的加冕礼物。之所以后来称之为"火药塔"，是因为在 17 世纪时，这座塔高 65 米原本以丰富的雕饰取胜，并非典型以防御工事为主要功能的城门被改用作了火药仓库，故此而得名。虽然岁月如梭，今天它的军事功能已经消失了，但是作为历史遗迹，在 19 世纪末建筑师 JOSEF 以新哥特式的建筑形式被重新修复，塔身内外也重新被装饰上了各式各样的石雕和金属雕像以及波希米亚王的塑像。目前这里是一个小型的博物馆，用来展出中古艺术、天文学和炼金术文物等。进入塔内沿着螺旋楼梯登上 186 级台阶，整个布拉格的新城与旧城就尽在眼底了，但是我感觉这里的视野不及登上市政厅的钟楼，所以这里不登也罢。

紧邻"火药塔"的是一座布拉格装饰派艺术最具代表性的建筑物——"市民会馆"(www.obecnidum.cz))，也称之为"人民宫"。这里在 14、15 世纪时就已经是历代国王宫廷建筑汇集的地方，可惜后来 17 世纪时一场大火将这里毁于一旦，我们现在看到的这座建筑是 1903——1912 年间，为了布拉格市的文化交流和公共服务而建的，是捷克 20 世纪初艺术的展现，大门正上方的壁画是《向布拉格致敬》。在里面导游的带领下，进去参观一下设在这里的市长办公室以及以捷克的音乐之父、捷克民族乐派的创始

CONCERT'S PROGRAMME
in prague
JULY 2008

THE MUNICIPAL HOUSE
NÁM. REPUBLIKY 5, PRAGUE 1

SMETANA HALL
THE MUNICIPAL HOUSE

13.7.2008 neděle Sunday	18.30
	20.30
14.7.2008 pondělí Monday	20.00
	20.00
BALLET SINGERS	
15.7.2008 útery Tuesday	18.30
	20.00
	20.30
16.7.2008 středa Wednesday	19.30
BALLET SINGERS	
	20.00
17.7.2008 čtvrtek Thursday	18.30
	20.00
18.7.2008 pátek Friday	20.00
	20.30
19.7.2008 sobota Saturday	18.30
	19.30
BALLET SINGERS	

TICKET SALES OFFICE, RESERVATIONS AND INFORMATION
AGENCY ARTISTIC INTERNATIONAL S. R. O.
TEL. FAX: 224 224 706; 224 233 096 | E–MAIL: AAI-CONCERT@AAI-CONCERT.CZ
TICKETS ARE ALSO AVAILABLE AT THE ENTRANCE OF THE CONCERT AND IN PRAGUE HOTELS

人斯美塔那命名的音乐大厅还是非常值得的。这个大厅能容纳
2000 人，是"布拉格之春"国际音乐节的主要表演场地。

从 1952 年开始，在每年的 5 月 12 日，也就是斯美塔那逝世纪念日这一天，闻名全球的"布拉格之春"音乐节将在这里开幕。人们在这一天将会演奏这位音乐大师创作的的交响诗套曲《我的祖国》，现已成为传统曲目保留至今。与捷克本土血脉相连的音乐家德沃夏克和雅纳切克的作品，以及与布拉格渊源颇深的莫扎特的作品到时也会是音乐节的主要经典曲目。在为期三周的音乐节期间，来自世界数十个国家和地区的乐团将为观众献上几十台精彩纷呈的节目，使布拉格陶醉在音乐的世界里。

我们虽然没有赶上这场盛宴，但是布拉格任何时候都不缺少音乐会，各种音乐剧目总是不停地在城市的剧院、教堂中上演。即使是一流的演出门票，这里的价格相对西欧还是便宜。这座音乐厅几乎天天都有不同的音乐或者戏剧表演，门口穿着中世纪服装的人会向游人献上节目单 (www.festival.cz)。坐在大厅 1 楼的新艺术咖啡厅里，明亮的阳光将咖啡厅内的华丽装饰衬托得金碧辉煌，我向侍者要了一杯咖啡，让自己静静地感受了一下这座城市，或者说这个国家对于音乐、对于艺术的痴迷。在这座宏伟建筑对面的建筑墙上，我见到了另外一位音乐天才——肖邦的肖像，怀着敬仰的心情，我想，到波兰后一定去瞻仰一下保存着这位深爱自己祖国的音乐大师心脏的教堂。

43

不用记路了

在"火药塔"这个位置，如果继续向东经过兰纳宫就到了布拉格另外一个火车站——马萨里克火车站；如果向西的话，一穿过拱门，就算正式进入旧城了。当年查理四世加冕时，就是从这里出发，经过 CELETNA 路，就到了被称之为布拉格心脏的"老城广场"。之后再穿过犹如上海城隍庙地区七弯八绕的弹石小巷 KARLOVA 大街，就是查理大桥了。越过大桥，顺台阶就进入了布拉格古堡。这条加冕之路，现在已成为了布拉格最经典的一条步行之路，所以，从这里开始最大的好处就是——不用记路了，跟着人流走准没有错。

这座生气蓬勃又饶富古意的"老城广场"的历史不可谓不悠

久，这里原来是一片河边的低地沼泽，从公元 11 世纪起就陆续有商人们在此定居，后来商贾云集，这里就成为了中东欧重要的集市。再后来这些有钱有势的人由于需要消遣，就又有了酒吧、赌场等玩乐的场所，所以现在广场周边的建筑也各式各样，目光可及之处有如一套完整的欧洲建筑教材。从最初代表着理性与感性平衡的罗马式到 19 世纪风格上更人性化、更注重装饰的洛可可式；从建筑顶端的尖塔高耸入云，直达天庭，代表着人们对神的歌颂与崇拜的哥特式到 16 世纪以后在建筑上更讲究平衡、对称与花俏的巴洛克式建筑等，在这里都可以找到，它们与周围各种色系的房屋相互辉映，形成了一幅美丽的欧洲建筑油画，让人陶醉其中！

在"老城广场"上席地而坐，最吸引我眼球的除了在广场周围卖拉线木偶的男子以及跳着美丽舞蹈的捷克女子之外，就是坐落在广场中间的捷克著名的宗教改革先驱、前布拉格查理大学校长·胡斯的雕像了。这位捷克的国家英雄、哲学家、改革家不仅创造了新的正字法，为现代捷克语奠定了基础，而且他的许多言论和著作，对当时的整个欧洲甚至以后的马丁·路德都产生过重要影响。由于他对罗马教会的教皇以及教堂的权威提出了否定，作为异教徒于 1415 年在德国的康斯坦茨被处以火刑。虽然 584 年后，罗马天主教会为此进行了道歉，但是在当时却由于他的死亡直接导致了"胡斯战争"的爆发，这场战争一直到十五世纪才宣告结束。目前我们看到的这尊雕像是在他死后 500 年，由捷克著名的雕刻家拉季斯拉夫·夏罗温于 1915 年建造完成的。他逝世的 7 月 6 日今天已被人们称之为"胡斯日"，捷克政府也将此日定为了国家的公共假期。这里现在成为了布拉格的一个著名历史景点，青铜雕像下总是坐满了悠闲自得的游客。

我一点儿也
没有客气

在"老城广场"四周值得一看的景点还有扬·胡斯当年的传教地伯利恒小教堂；旧城区最古老的建筑——建于1365年的80多米高的蒂恩双塔教堂（Tyn Church）；查理大学最古老的建筑物——卡罗利努姆宫；代表14世纪布拉格哥特式建筑珍品的"石钟之家"；以及从1388年建成启用的旧市政厅等。在上述这些景点之中，最吸引游人的莫过于位于旧市政厅（Staromestska radnice）塔楼下方，拥有500年历史的天文时钟了，我上次来布拉格的时候，就在这里盘桓了很久。

这座用锤子、钳子、锉刀等手工工具建造，以精美别致的自鸣钟闻名于世，建于1410年的钟楼，至今不仅保持原样，而且运转良好。

47

路经此地的布拉格市民也常常停下来用它来校对自己的手表，所有到布拉格的游人更是要亲临这个地方。这座独一无二的天文钟由上下两座组成，设计原理是根据当时的"宇宙学说"，也就是以地心而建的天体运动表和时间

球为中表。虽然我们今天都知道这个原理是错误的，但是这并不影响它设计的精美和准确的报时。上面的钟为"行星仪"，表示以地球为中心，太阳和月亮以及其它天体绕着地球转，一年绕行一周；下面的钟为"月历钟"，表示的是有关波希米亚农村四季劳作的日历以及用各种禽兽代表的12个星座，一天移动一个刻度。这个天文钟最为著名的是每到整点时分，钟上的窗门便自动打开，随着钟声的响起，基督的12个圣徒从塔楼上的窗内一一出现，向人们鞠躬，同时下方的死神还会牵动铜铃，整个过程以雄鸡的鸣叫结束。在很多布拉格

的纪念品商店中，还可以看见它的模型出售，做工也非常精美，可惜按照我们国人的习俗，带回来作为礼物送人似乎不是太好，

而为了观看这个过程，在每一个整点前的 10 分钟、甚至是 30 分钟前就会有大批游人开始在附近占据最佳位置，然后安心等待，直至表演结束，这时人群又立刻四散而去。这样的场景在岁月的流逝中每天都在重复地上演，捷克作家塞弗尔特在其晚年的回忆录中，也生动地描写过关于天文钟的片段。而这一切对于我来说，已经不再感觉新鲜了，这一次让我感觉新鲜的是天文钟下面竟然聚集了如此多的游人，比之前可是多多了。他们打扮各异，来自于世界的不同国家，每一个人的表情都是

如此的虔诚。整点到了，站在他们队伍最前面的我却反其道而行之地回过身来，当他们睁大眼睛都在聚精会神地欣赏天文钟时，此时我觉得他们每一个人的神态可比天文钟有趣多了，抓紧这难得的机会，拿起手中的相机我一点儿也没有客气，咔、咔、咔，一顿狂拍。

50

不宰白不宰，宰了也白宰

从天文钟到查理大桥这段路，除了随着汹涌的人流继续前行几分钟就可以抵达之外，也可以钻进小路旁的宁静小巷闲逛抵达。和布拉格其他地方的小巷一样，这里的路面也是用石块铺成，街灯的造型则更为古朴典雅，很多出售波希米亚水晶、提线木偶（唐·乔万尼木偶不可错过）等纪念品商店的小店至今依然保持着几百年前的建筑模样，特有小资情调。虽说小店林立，但这里每一家的装饰都不会雷同，许多建筑的窗上都绘有宗教色彩的壁画，朴实而不华彩，有点类似于国内的周庄，但行走期间又不会让人感觉到太多类似于周庄那样的商业味，给人时光倒流，恍如游走在中世纪的感觉。

虽然感觉甚好，但也知道在这里购物一定要货比三家。尽管近年来捷克的经济有了很大的发展，到布拉格来旅游的人也是越来越多，但整体生活水平与西欧相比还是有不少的差距。在很多捷克商人的眼里，来的游客都是"大款"，不宰白不宰，宰了也白宰。所以尽管是同样质量的商品，但相邻两店出售的价格却可能有天壤之别，尤其是在布拉格这样的中心旅游区。如果真想购买捷克纪念品的话，可以在布拉格市内的专卖店或者到布拉格市区之外的地方购买，比如说克鲁姆罗夫 (Cesky Krumlov)、卡洛维瓦利 (Karlovy Vary) 等旅游小镇，价格自然会便宜不少。捷克有一家专门出售旅游纪念品的商店——"BLUE"，在机场和市内很多地方都有分店，可以参考一下里面的价格，但是也别有多高的期望值，价格也是高的可以。当然了，有时出门在外也别什么都斤斤计较，毕竟开心是第一位的。再就是甭管买什么在捷克都要做好心理准备，毕竟人家还处在转型期，大部分人的服务态度是可以想象得到的。离开商店的时候，如果金额多的话，要索要一份退税表，至少离开欧洲的时候，在机场还可以拿回一些钱，就算是"消气费"好了。

1-3-5-7-7-9-5-3-1

1–3–5–7–7–9–5–3–1？当看到这么一组奇怪的数字时，会联想到什么？彩票中奖号码？呵呵，其实这个答案并不复杂，这组吉利数字代表的是欧洲最古老也是最长的石桥，被称为"露天巴洛克塑像美术馆"的布拉格查理大桥的奠基日——1357年7月9日5点31分。

在布拉格段，碧波粼粼的伏尔塔瓦河上共有18座大桥将两岸的哥特式、巴洛克式等古老的建筑连成一体。其中的这座查理大桥则是布拉格人在伏尔塔瓦河上修建的第一座桥，将西岸王公　大　臣

居住的布拉格城堡区和东岸市民居住的
生活区紧密地连接到了一起，这也是直到
1841 年，都是布拉格城内唯一的桥。桥全
长约 520 米，有 16 座桥墩，没用一钉
一木，全部用波希米亚出产的砂岩和
举全国之力调来的蛋清砌造而成，具
有非常独特的建筑风格，是 14 世纪最
具艺术价值的石桥。它奠基的吉利时
刻是由当时捷克历史上最昌盛的国王
查理四世，在修桥之前命御用星象家测
算确定的。按照当时的书写习惯，这串
吉利数字就成了今天我们见到的这串数字。
在以后的历史长河中，这座桥无论对布拉格
城市本身的发展还是对这座城市一度成为欧洲大陆中心，
都起到了不可替代的历史作用。1960 年，在我国发
行的《庆祝捷克斯洛伐克解放 15 周年》纪念邮票
中的第二枚上，就印有这座大桥的雄姿。

当我经过圣弗郎基谢克
教堂，越过老城区一侧的桥

头塔，走上这座象征和承载捷克的光荣与历史，又洗尽铅华供人漫步赏玩的古石拱桥时，桥上早已经是人山人海、游人如织了。这座桥上的另外一个吸引人的特点就是桥上每隔不到 30 米就会有一组相对而立的，出自捷克 17——18 世纪巴洛克艺术大师杰作的圣徒雕像。这些雕像有的是历史上的圣人，有的是捷克的英雄，还有的是《圣经》里的人物，尤其以左侧的第 5 座雕像和右侧的第 8 座雕像最为有名，前者是圣弗郎基拉谢克·科萨文尔斯基，后者是圣杨·内波穆茨，据说触摸后者雕像的右小角浮雕还能带来一生的幸运，所以他的雕像前总是异常火爆。当然这些雕像并不是一次建成的，而是在不同时代根据不同的"需要"修建的，前后持续了几百年，可以明显看出桥和雕像的艺术风格截然不同，是典型的哥特式建桥艺术与巴洛克雕塑艺术的完美结合。按照西方的宗教信仰，不同的圣徒所起到的庇护作用不同，而这座桥上竟然有多达 30 座之多的圣徒像，真是堪称欧洲之最。当一个民族竟然需要这么多的圣徒来保护时，令人不得不想起历史上捷克民族的多

灾多难。

　　看到眼前这一切，我想起了同样以高超的建桥技术和精美的雕刻誉满中外的另外一座世界名桥，那就是我们中国的卢沟桥。所不同的是我们卢沟桥上雕刻的是神态各异，栩栩如生的约 500 只大小狮子而非圣徒雕像。至今我们依然将真迹留在了桥上，而这里却早已将真迹送进了 24 小时恒温的博物馆，大家现在在桥上所看到的其实全部是复制品。应该说始建于金大定二十九年（1189 年）的卢沟桥，建造时间比查理大桥还早 168 年，在我们中华民族的历史上，这座民族独立之桥与查理大桥一样，同样承载了我们民族的光荣与梦想。

　　站在桥上，面对着美丽的伏尔塔瓦河，我的思绪忽然回到了北京、回到了上海、回到了祖国，忆起了明代邹缉的《卢沟晓月》——

　　河桥残月晓苍苍，照见卢沟野水黄。

　　树入平郊分淡霭，天空断岸隐微光。

　　……

我仿佛沉醉在梦乡当中，不愿再醒……

无论是站在查理大桥上远望对面山上巍峨的布拉格城堡，还是一边俯瞰桥下宁静美丽的伏尔塔瓦河水，一边倾听一曲美妙动人的雄伟交响曲《伏尔塔瓦河》；无论是在桥上细细品味大桥两侧的30尊圣人雕像，还是什么都不想，在桥下岸边的露天咖啡馆坐下，惬意地品味一杯咖啡或是捷克著名的"比尔森"啤酒，都能从各个角度感受到已经被联合国列入世界遗产目录的查理大桥的独特魅力。在桥上逛累了，走累了，甚至还可以顺着查理大桥中部的石阶走到下边的世外桃源——康帕岛 (Kampa Island) 上回望大桥，立刻就会让人有种置身于另外一个世界遥望现实世界里人们的感觉，岁月凝

析，任周遭纷嚷嘈杂，依旧云淡风清。

除了以上所提之外，这一次我对大桥上一家挨着一家出售五花八门艺术品的摊位，却充满了强烈兴趣。与布拉格其他地方售卖的千篇一律的纪念品不同的是，这里出售的每一件纪念品也许都是摊主们自己亲自创作的，比如说表现查理大桥或者古堡的水彩画、油画，身穿捷克传统服装的提线木偶，五彩斑斓的俄罗斯套娃等展现布拉格艺术创意的产品在这里都可以见到。用他们自己的话说，这些都是艺术品而非简单的商品，所以他们也更愿意人们称呼他们是艺术家。除此之外，整个桥上还聚集了不少持有不同乐器演奏的歌手、乐手等街头音乐家，各自都在依靠自身的绝活吸引着不同的爱好者。不过可别真小看这些摆摊之人，他们要经过层层考试和大桥艺术联盟管委会的认可和批准，才能在这里摆摊。而且指标有限，每年都要重新竞争考核，当然每年在新人进来的同时一定会有旧人惨遭淘汰。也正因为竞争如此激烈，所以留下的人每一个都很珍惜自己这个得来不易的饭碗，对创作更是精益求精，以便把最好的作品出售给来自全球的游客。

沉浸在这个快乐的气氛之中，我自己也特别开心和兴奋，拿着相机一顿狂拍，好久都没有这样的放松了，每天在国内工作十几个小时，也的确把我累得够呛。真的体会到了创业的艰辛，岁月的痕迹在这一年中让我老了许多，"3000美金周游世界"时的青春也逐渐

捷克可是全世界人均消费啤酒最高的国家，而且这里还是"百威"啤酒的故乡，所以到了捷克一定要品尝一下这里最著名的"皮尔森"啤酒。

淡去……就在我内心中正感慨不已，准备拍摄不远处的一位"艺术家"时，镜头中忽然出现了一位东方女孩的背影。此时的她想来也沉浸在这艺术的海洋之中，一点儿也没有意识到遮挡住了我的镜头，过了不久当她转过身来意识到时，有点不好意思，向我微微一笑。

就此我们攀谈了起来，女孩来自于台湾，这次自助旅行来捷克也是她很久以来就有的一个梦想。相同的语言，共同的文化，在异国的土地上一下子就把我们之间的距离拉近了许多，话题也从旅游向别的方向延展开来。从哈谢克的《好兵帅克》到米莱尔的《鼹鼠的故事》；从林语堂、梁实秋到沈君山、余光中，再到朱天文《最好的时光》和赖声川的《暗恋桃花源》。聊到最后，让我自己都感惊讶的是两岸的文化竟然是如此的融为一体，可在此以前，我从没有意识到，或者说从来没有这么深地感受到台湾文化与大陆文化竟是如此深地紧密融合，这忽然让我有了想去台湾的冲动。在敲下这些文字的时候，我也顺手查到了上海到台北的往返机票目前还不到700元人民币，我想写完此书，也许下一部书就是关于宝岛台湾的了。

傍晚的时光是在犹如一条蓝色绸带的伏尔塔瓦河上度过的

（www.evd.cz），有河水流经的城市总是有灵气的，就像巴黎有闻名遐迩的塞纳河，伦敦有著名的泰晤士河一样，这条河也承载了布拉格的灵魂，如果失去它，也许布拉格这座城市本身也就不存在了。夕阳之下，河岸风光无限，残阳流泻于两岸的千塔万楼之中，把古色古香的都城渲染成一片金黄。一个又一个教堂或是城堡的尖塔，在金黄的天空中映衬出优美的曲线，渐行渐远，慢慢地淡出视野，似乎正是我们想象中的浪漫欧洲。

　　总是带着些昔日黄昏凄美的布拉格，的确是需要时间好好感悟、好好体验的，"我最喜欢划小船沿伏尔塔瓦河逆流而上，再躺在船中央顺流而下……"找寻着当年卡夫卡写给其女友 MILENA 信中的感觉，我静静地享受着日落带来的风景凝固，仿佛沉醉在梦乡当中，期待时光永固，不愿再醒……

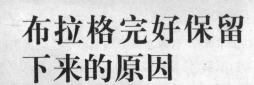

布拉格完好保留下来的原因

考虑到今天要爬上位于伏尔塔瓦河左岸小山上的制高点——布拉格城堡，昨天晚上吃饭的时候我可一点儿也没有亏待自己，捷克烤鸭 (ROAST DUCK)、捷克炖牛肉 (BEEF GOULASH) 这两道捷克名菜，在位于 CELETNA 街上的 U BAKALARE 餐厅（TEL：224817369），我一次性就给点全了。吃完了鸭子和牛肉感觉很爽，临走时还顺带品尝了一下捷克的传统甜点——蛋薄饼 (PANCAKE)。这顿饭吃的真是不错，完全是地道的捷克佳肴。虽然最后结账的时候，看着账单还是稍微让我心疼了一下，但是考虑到美味佳肴不可多得，更何况也不是在"老城广场"这种专"宰"游客的地方吃的，大大方方地买完单之后，还顺手递给了侍者 10 克朗的小费。

今天我们旅行的重点是世界上最大的古城堡之一布拉格城堡。这座占地 45 公顷的雄伟城堡从公元 870 年开始建造，长 570 米，平均宽约 130 米，经过历史上的多次变迁，在 14 世纪查理四世统治时期大致建成了今天我们所看到的样子。里面有 1 所宫殿、3 座教堂、1 间修道院，涵盖了王宫、画廊、喷泉等各个历史时期的罗马式、哥特式等建筑。所有建筑分处在 3 个中庭内，其中高达 97 米的圣维特大教堂是整个古

堡的标志,至今已有 1000 多年历史。长久以来这里就是布拉格的政治中心,历届的波希米亚国王、神圣罗马帝国皇帝都住在这座城堡里,居高临下从这里可以俯视整个布拉格,所有的美景自然也一览无余。由于直到现在这里仍然是捷克总统办公的地方,所以又称这里为"总统府",目前这一带的建筑与查理大桥、伏尔塔瓦河已经构成了布拉格的象征。

　　也许是昨天晚上这顿饭吃得太开心了,今天睡了个大懒觉才起床。这也是自助旅行的好处之一吧,随心所欲而不用每天天还没有亮就被导游叫醒。上街把早餐解决掉的同时,也顺便把在房间里狂写的一堆祝福明信片丢进了邮局的信箱。等办好这一切收拾好行李,乘坐 22 路电车从 PRAZSKY HRAD 站下来时,都已经快到中午了。赶紧一溜小跑,20 分钟之后终于站到了城堡的大门前,赶上了布拉格城堡每天中午 12 点的卫兵换岗仪式。这个传统仪式一直比较吸引游人,也是我急急忙忙赶来的原因,自然是想一睹这些士兵的风采了。

　　此时,这里已经是里三层、外三层一片人挤人的景象了。我一看今天这阵式,要是

硬挤的话肯定没戏，且不说欧洲人大都身材高大，就是想挤也未必挤得进去；就算是挤进去了，自己也觉得不好意思，毕竟人家为了一个好的观看位置，都站好半天了，于心不忍啊。但就此束手就擒，浪费良机好像也心有不甘。于是拿出老办法，先好好观察一圈再说，也许希望就出现了。"世上无难事，只怕有心人。"一圈观察下来，还真

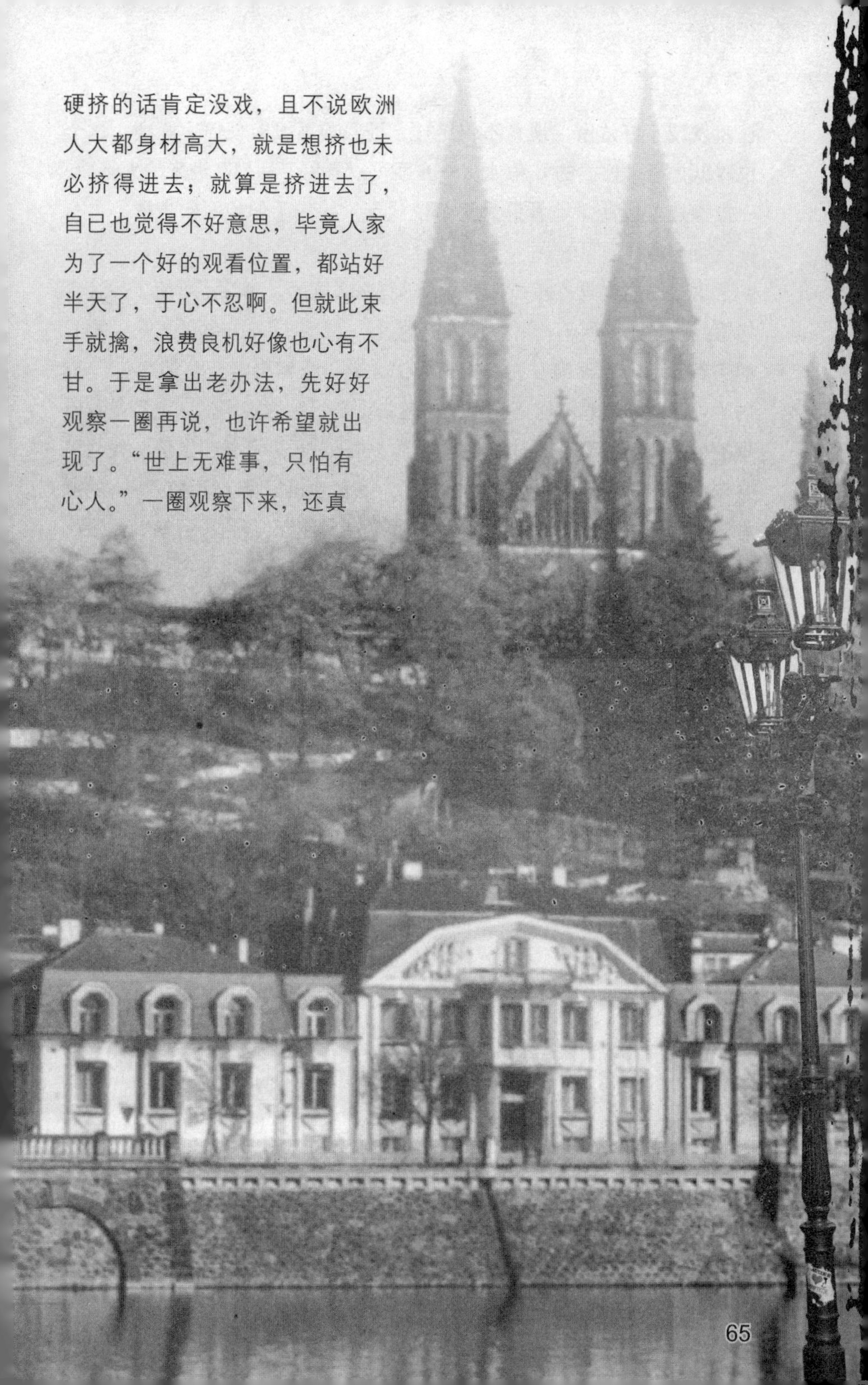

让我发现了好位置，视角不仅绝佳，而且前面没有任何人遮挡，这个位置就是整个仪式的 L 角处。一方面可以看见卫兵列队进来的大画面，一方面还可以清楚地看见为整个仪式奏乐的乐手们的面部表情，这个镜头可是难得一见的。

　　这么好的位置，怎么能没有人惦记呢？呵呵，当然不可能了，这个位置此时早已经属于一家电视台的地盘了。既然有人占领了先机，那我们还有戏吗？当然有了，在没有尝试之前，任何事情至少都有 50% 成功的可能，怎么也不能还没有开始就先把自己给否定了，这可不是我做事的风格。看着剩下的时间也不多了，说干就干，我快步上前就找到对方电视台的哥们商量去了。对话的大意其实也挺简单，翻译成中文的意思就是"哥们，您看我大老远从中国来的，扛着设备也不容易，能否将您的位置匀个一亩三分给我。"还别说，这世上好人就是多，人家老外一听说咱是大老远从中国来的，远道的客人啊，二话没说，就主动给腾出了一个空间。我嘴上这个感谢心里那个乐啊，站在这个地方，眼睛可是太滋润了。当然手里也没闲着，一边咔、咔、咔；一边我就在想，使劲按了这么多快门，怎么也该有几张清楚的吧？！

　　大家可能看过电视画面了，坦率地讲，整个仪式下来我感觉还是有点儿失望，这列队的捷克士兵动作也不整齐，甚至连挺胸的基本动作做得都不够水准，似乎缺少点儿精神，还不如我对面 2 楼窗子上几个演奏乐曲的帅哥精神饱满。

不过一想捷克军队在二战中的表现，也就释然了，这边枪声还没有响呢，那边都被人出卖了，一枪还没开呢地盘都属于人家的了。我想这也许是为什么时至今天，布拉格古城能够完好地保留下来的一个重要原因吧。

布拉格的灵魂所在

换岗仪式结束之后，我们随着大队人马鱼贯而入地进了城堡。在越过马奇亚斯门之后，一个 17 世纪巴洛克式的喷泉就出现在了我的眼前。而旁边很热闹的旅游咨询处就是造型优雅的洛可可式的圣十字教堂，这里也是出售参观城堡内部所有景点联票的地方。它的对面就是收藏着意大利、德国、荷兰等欧洲国家著名画家作品的　城堡书廊所在地。看过这些景点之后，建筑宏伟的布拉格城堡标　志性建筑——圣维特大教堂就出现在了我的眼前。

这座历经几百年的修建，到 1929 年才算正式完工的大教堂，最初的修建是在 926 年前后，由圣-文赛斯拉斯下令盖的一座圆亭子，当时命名为"圣-吉伊"。100 多年后，人们在此处又建了一座长形罗马教堂，直至 1344 年，才由那时的国王查理四世下令在原来罗马教堂的基础上，开始建造今天我们见到的这座长 60 米，宽 12 米的哥特式建筑。当时大教堂的设计者是查理四世特地从法国请来的建筑师达拉斯，他从法国哥特式建筑中吸取了很多灵感，依照图卢兹和纳尔邦教堂的样式，开始了大教堂最初的修建。其后又历经多位设计师，造成了今天我们从大教堂身上可以找到哥特式、巴洛克式、新哥特式等不同的建筑风格，基本上整座教堂快变成历代建筑特色的展示厅了。除了这些繁复得令人称奇的建筑特色之外，这里还是布拉格城堡王室加冕所在地与辞世后的长眠之所，收藏着捷克国王从 14 世纪以来沿用的王冠和权杖，同时也悬挂着许多名贵的油画和木刻画，每幅都代表着一个有趣的宗教故事，也有很高的艺术价值。传说中奢华的波希米亚皇冠据说也藏在这里，但是不对外展出。

正是由于这里是布拉格城堡的地标建筑，所以排队进去参观的人

足有几百米之长，所以要想好好参观一番的话，看来还真需要有一点点耐心。除了对圣维特大教堂建筑本身和其内部的收藏品感兴趣之外，我对教堂外表布满的花纹和图案也非常有兴趣，这些图案刻工细腻，精巧玲珑，尤其是大量的"吸血鬼"雕像，千姿百态，栩栩如生。一下子看见这么多的"吸血鬼"，多少还是让我感觉到了一丝丝的恐怖，也明白了为什么这座城堡也被人称之为"吸血鬼城堡"。

与这座金碧辉煌、典雅庄重的大教堂相比，旁边的以往波希米亚国王的住所——旧皇宫就显得小巧可爱了许多。在皇宫众多的大厅之中，建成于十五世纪末，当时是欧洲最大的厅——有着哥特末期精美绝伦拱顶的弗拉迪

斯拉夫大厅是不能错过的。1934 年，还曾经在这里举办过总统大选。再往后走不远，看见带有两个白色尖塔的红色教堂就是古堡内最古老教堂——建于 921 年的圣乔治教堂了，这是整个波希米亚地区罗马式建筑的代表作之一，现在为国家艺廊。里面不仅收藏了大量从中世纪至 18 世纪捷克民族画家的作品，而且由于这里的音响效果非常好，经常有音乐会在这里演出。

在这座教堂和玩具博物馆之间，沿着下坡前行，拐进途中左侧的一条小巷后，就能看见各式各样小屋林立的小巷，这就是布拉格最

具诗情画意的街道——"黄金巷"。小巷中的房屋大都建于 16 世纪末期，原本是王宫卫队和金银手饰匠的住地，后来据说因为聚集了不少为国王炼金的术士，因此得名。19 世纪之后，这里逐渐变成了贫民窟。后来政府将此地重新规划，将原本的房屋改建成了外表五颜六色，专门出售各色各样纪念品的店铺，这才使整个地区面貌有了翻天覆地的变化，有点类似于上海的"新天地"。更因为1916-1917 年间卡夫卡曾经居住在这里的 22 号房写作过，所以每天在这座已改为"卡夫卡故居纪念馆"门前照相参观的人络绎不绝。除此之外，这里的 16、19、20 和 21 号小屋也都很有看点。

我心无悔

　　整个一下午的时光都留给了布拉格城堡，如果想再细细品味的话，也许再有三天、七天的时间都远远不够，一个国家和民族的历史在不可能在短短几天之内就可以完全理解和感悟的。尽管如此，相比《3000 美金》时，这一次我还是有了比上一次更深刻的感悟和思索。下山的时候，我没有选择传统的从"黄金巷"直接下山，而是又走回到了布拉格城堡的门前。

站在城堡之上，俯瞰着远处的布拉格老城，那些罗马式、哥特式、文艺复兴式、巴洛克式的楼房鳞次栉比，高低起伏的红黄建筑屋顶与白的、绿的教堂尖顶在金色阳光的映衬下特别艳丽，美丽的伏尔塔瓦河蜿蜒曲折地穿城而过，这一切都构成了布拉格独具的浪漫之美。沉浸其中的我仿佛置身在中世纪的欧洲，抑或是一个童话的世界，本能地忘却了时间的存在，迷失在布拉格的时空隧道之中。此时此刻我想要是能有更多的国人来这里一起分享眼前的景色，该是多么美好的一件事情！而我也深知，要想实现心中的理想，在现实的道路上不知又要付出多少汗水，但是，既然已经做出了决定，那就别无选择、勇往直前地去做吧，我告诉自己，就算失败了又能如何？只要我心无悔。

　　晚上当发向波兰的火车开动的那一瞬间，我望着窗外渐隐渐去的布拉格，耳畔仿佛又响起了蔡依林的那首《布拉格广场》："我就站在布拉格黄昏的广场，在许愿池投下了希望，那群白鸽背对着夕阳，那画面太美我不敢看……"

第二章 波 兰

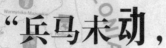

"兵马未动，
粮草先行"

六年之前，我就曾经踏上过这块前东欧国家中面积最大的土地。在《3000美金》那本书中，"与两个MM睡在一起"、"曾任党委书记的波兰司机"这两小节描写的就是当年我前往波兰中世纪古城——克拉科夫时的情景。这个表面上"年轻"，实则深藏古老文化底蕴的国家当时给我留下了深刻的印象，回到英国很久之后，肖邦的琴音似乎还一直在我耳旁回响，反复诉说着这个悲情民族不屈的个性。时隔6年之后我又一次踏上了这块充满悲情但又乐观积极向上的土地。

早上7:05，当清晨的薄雾还没有完全散开的时候，列车已经缓缓地正点驶入了华沙中央火车站，这也同时意味着我们三天两晚的波兰之旅正式开始。华沙这座既古老又年轻的"绿色之城"无疑是波兰的政治、经济和文化中心，美丽的维斯瓦河由南向东静静地流过市区，两岸树木葱郁，碧草如茵，平均每人占绿地面积78平方米，在世界各国的首都中名

列前茅。又由于其处在从莫斯科到柏林的欧洲铁路主干线上，所以每天有很多国际列车从这里开往立陶宛、乌克兰、斯洛伐克、德国等东西欧国家，因此华沙也是波兰或者说整个东欧最大的交通枢纽。其国内最大的航空公司LOT的总部就位于中央火车站的对面，一出车站就能看见这座既漂亮又时尚的高层建筑。

俗话说，"兵马未动，粮草先行。"虽然我们现在才刚下火车，还没有开始华沙的行程，但是下车之后的第一件事情除了换钱之外就是要安排好下一个目的地的车票，只有这样在华沙的行程才能玩得踏实、开心，这可能是选择陆路交通和空中交通的最大区别吧。要是整个行程都选择乘坐飞机的话，那自然要简单许多，出发之前线路和机票肯定都一并安排好了，不用再到目的地现买了。接着飞机的话题，在此我稍微多解释一点，当年《3000美金》出版后，有读者写信问我，为了买到便宜机票，是不是要在旅行中的城市等很久呢？答案当然不是了，因为行程中所有的机票肯定是在出发前就全部已经买好了的，到时候只要带着护照，按照航空公司要求的时间办理登机手续就可以了，不可能等到了目的地再一站一站地去买机票。如果这样做一是不可能买到便宜机票；二是估计也把人折腾死了，没有人会为一张便宜机票，在异国他乡等很久的，时间成本、机会成本都是钱啊。

当然这样的机票购买之后，如果自己决定不飞了或者误机的话，这张机票只能作废，所有的损失也只能自己承担，没有退票或者改签一说。机票越便宜，限制条件自然也就越多。我自己就有这样的经历，有一次从巴黎回伦敦，等我赶到巴黎机场时，飞机连舱门都关了，想飞的话只能重新花钱买下一班机票。由于是在机场现场买票，价格自然是天价，最后我只好选择回到巴黎市内，乘坐"欧洲之星"回了伦敦。

这条线路是一个最优的设计方案

　　华沙与布拉格一样，也有好几个火车站，不过对于我们来说还好，因为抵达的就是其最大的车站——华沙中央火车站。车站里面的各项服务设施非常齐全，从旅游局的"INFORMATION"到相关旅馆的推荐，再到各式各样的商店和兑换中心一应俱全。与其他火车站不同的是，这个火车站的站台全部建在地下，我们出站的时候和刚从地铁站出来没有什么区别。我们华沙之后的目的地是俄罗斯的加里宁格勒，两地之间乘坐飞机自然是最方便了，"LOT"就有这条航线，但无疑三五百欧元一张的单程机票对我来说可不太值。由于市场经济的原因，目前东欧国家之间的飞机票并不便宜，尤其是飞往俄罗斯的航班，所以"飞"的事情基本没戏了。不能飞了，接下来瞧瞧火车的情况如何。在波兰铁路公司网站上 (www.polrail.com)，我查询到了从华沙前往加里宁格勒的直达火车，一天一班，早上 4:50 发车，下午 15:28 抵达。一看见这个时间表，我的心就凉了半截，乘车时间太长不说，早上 3、4 点钟可正是我睡觉最香的时候，这个时候放弃睡觉去赶火车，不仅会浪费一晚的住宿费，而且一天的精神也不会好到哪里去。多次的国际旅行经验告诉我，保证良好的睡眠和快乐的心情是非常必要的。还有就是这一程由于跨越了两个国家，属于国际列车，车票价格相对于波兰国内车票，自然是贵的了，所以综合考虑，这个方案也被我给"枪毙"了。

　　直达的方案不甚理想，那就走走曲线如何？在华沙和加里宁格勒之间的城市，我的目光找寻着，最后落到了波兰与加里宁格勒交界的边境城市，有"波罗的海"明珠之称的格但斯克。濒临波罗的海的这座古城在历史上可是赫赫有名，第二次世界大战就是从这座城市的北部打响的，城市本身就属于历史文化名城。从华沙到这里全长 329 公里的铁路线属于波兰的火车主干线，全程运行时间 4 个半小时，票价仅 88 兹罗提（波兰货币，与人民币比值大约是 1:3）。不仅车体硬件不错，乘坐起来比较舒服，而且车次频繁，每天的快车就有将近 10 班，可供我们选择的空间也大。再有一点就是这条线路本身穿行在风景如画的波兰大平原上，乘坐火车的同时，也是一个好好享受窗外美丽风景的过程！所以综合价格、时间、舒适度等各方面因素考虑，无疑这条线路是一个不错的设计方案，应该算是"性价比"最好的了。

	Connection 1	Connection 2	Connection 3
Departure:	1:46　　07-18	4:50　　07-18	5:05　　07-18
Arrival:	6:50　　07-18	9:36　　07-18	9:50　　07-18
Duration:	5 h 4 min	4 h 46 min	4 h 45 min
Transfers:	0	0	0
Validity:	not every day h)	not every day i)	not every day j)
Kilometry:	329 km	329 km	329 km
Cena(1./2.kl):	73,50/49,00 ZLOTY i)	73,50/49,00 ZLOTY i)	74,00/50,00 ZLOTY i)
	Time　Pltf.　No	Time　Pltf.　No	Time　Pltf.　No
Warszawa Centralna　　de	1:46　a) P 35501 m)	4:50　e) P 35513 m)	5:05　c) TLK35702 o)
Gdańsk Główny　　ar	6:50	9:36	9:50

	Connection 4	Connection 5	Connection 6
Departure:			12:12　　07-18
Arrival:	10:25　　07-18		16:23　　07-18
Duration:	4 h 30 min	4 h 30 min	4 h 11 min
Kilometry:	329 km	329 km	not every day
			329 km

　　确定好线路之后，无疑下一步就是购票了。上到车站二楼的售票大厅，规模还真不小，整个一面墙上显示的全是列车出发时刻，显示屏下边则是一字排开的售票窗口。虽然时间还早，但是窗口前已经站满了买票的人们，连问讯处前都排起了长队。虽然人很多，但整个售票大厅还是很安静的，听不到太多的喧闹声，每个人都很自觉地排在前一个人的后面。由于人多，有人在排队的时候还看起了书。

　　就在我站在显示屏前看着眼前排队买票的长龙有点犹豫，要不要这个时候买票的时候，一位老者走进了我，将手中的一个宣传页递到了我的手上。拿过来一瞧，再配合着老人不太流利的英语，才明白原来老人是在寻找去自己家住宿的客人，画页上面介绍的正是老人家自己的房子。看到我对此很有兴趣，老人很高兴地又从兜里拿出了几页纸，找出其中的一页递给了我。原来纸上的文字是一位日本女孩用日文写的留言，看来老人家误会我了，和许多老外一样，又把我们当成

那里几乎没有人排队

日本人了。配合着老人的英语解释和手势，我大致明白了这些话的意思是住在老人家里很舒适很温馨，在安全上不要有什么顾虑。

其实对于国外这种类型的家庭旅馆我并不陌生，也经常采用，英语中将这类旅馆称作"GUEST HOUSE"。根据种类的不同，这种旅馆又可以分为在一个大 HOUSE 里面与房东同住或者与房客同住两大类，有的 HOUSE 或者公寓里面还带有厨房设备，方便房客自己做饭。在捷克的时候（捷克称之为 PENSION），我们所住的就是这种旅馆中的后一种，没有厨房设备，仅是单纯的房间而已。如果能够选到相当好的家庭旅馆，其屋内设施、房间装修、服务等可能比星级酒店还令人满意，而且价钱也远比酒店便宜，人多的话，比住青年旅馆还合算。应该说这是一种在东欧旅行"性价比"不错的住宿选择，尤其是住在可以做饭的公寓里面，早上起来到当地人常去的菜市场转转，和当地人交流交流，融入一下他们的生活，帮助自己快速了解当地的文化和风情，也是一件很有意思的事情，也许还能成为一段珍贵的回忆。

可惜的是这次在华沙的住宿，

已经事前做好了预定，虽然老人的房间便宜，但也只能谢谢他留待下次了。后来我了解到，东欧很多国家由于处于经济的转型期，虽然这几年经济增长很快，但物价的上涨也不慢，贫富差距是越来越大。一些生活在底层的老百姓，尤其是一些退休在家没有工作的人，为了赚取一些费用补贴家用，纷纷将自己家中的房屋出租，这也是东欧这样的旅馆类型明显比西欧多的原因。虽然结果如此，但看的出来老人还是很高兴，此时他已经知道我来自中国了，当 CHINA MAO 从他嘴里说出来的时候，我还是感觉到了惊讶。聊了半天，当我告诉老人家我不得不中断与他的谈话要去买火车票时，老人非常热心地告诉我不要在这里购买，直接带着现金到下边一楼的售票窗口购买即可，那里几乎没有人排队。

旅行和旅游的区别

175路公共汽车的线路设计真是太好了，一头连着中央火车站，一头连着华沙国际机场，中间还在华沙最著名的景点区——旧城（STARE MIASTO）停留，而我们此次预定的公寓也在那里，2.4兹罗提的票价就能让人从头坐到尾，比布拉格便宜。可惜的是由于我们还带有摄像器材，想节约一些时间，所以最终还是选择了打车。但到了地方才发现，这25兹罗提的车资花得有点不值，距离很近不说因为旧城广场本身不让进车，我们最后还是自己扛着行李走到预定公寓的办公楼下的（OLD TOWN APARTMENTS，12/14 RYNEK STAREGO MISASTA,APT 2）。

预定的时候，我只是觉得这个公寓的地理位置不错，直到现在我才知道原来不是不错，是非常不错，公寓的楼下就是著名的"旧城广场"（RYNEK STAREGO MIASTA），连路都不用走，出门就是。二楼

Restauracja Polska
Tradycja

Warsaw, 18A Belwederska Street.
Reservation: Ph.: 0 22 840-09-01
Ph./fax: 0 22 840-09-50

的办公室里可能是因为还早的缘故，就两个女孩坐在里边，看见我进来，她们都很有礼貌地和我打着招呼。在之后的聊天中我才知道，原来其中的一位女孩还是实习生，大学还没有毕业呢，她到这里来工作的目的就是希望毕业之后留在这里。遗憾的是我来得太早了，按照她们的规定，现在还没有到办理入住的时间，她们也向我解释了主要是这所建筑里面的客房目前还没有清理完毕，如果实在想进房间休息，只能去距离这里不远的另外一座公寓里的一套房间。

闻听此言我白高兴半天了，不过转念一想，还是时间宝贵，旁边的公寓就旁边的公寓吧，反正走几步路也没关系。穿过广场再走 2 分钟，就到了位于 SZEROKI DUNAJ ST 上我们将要入住的公寓。这是一栋典型的波兰住宅，整个楼高只有 4 层，外表和我们中国很多城市的"火柴盒"住宅没有太大区别，只是楼下多了许多美丽的鲜花。走进楼里，发现空间很高，我们的房间在 3 层，没有电梯，上楼之前，要先

Restauracja Polska
Różana

Warsaw, 7 Chocimska Street,
Reservation: Ph.: 0 22 848-12-25
Ph./fax: 0 22 848-15-90

按一下墙壁上的开关，否则里面漆黑一片，什么也看不见。在我们中国很多住宅都使用了声控灯的今天，这里还是需要手动的。由于岁月的原因木制楼梯上一点儿之前的油漆都没有了，露出了原来的本色，但楼道上非常干净，没有看见谁家将杂物堆在外边。一层两户，每家的房门都是巨大的金属铁门，让人一下就想到了前苏联的建筑。

用钥匙打开房门之后，我只能用三个字来描述，那就是——"好漂亮"。进门对面的一间卧室里面连熨斗和熨板都给准备好了；隔壁房间是客厅，里面摆放了一对沙发和一对藤椅，外加音响、电脑和电视机；进门左手长方形的厨房里面，不仅锅碗瓢盆等生活用品一应俱全，连烧热水的水壶都给准备好了，我拿起水壶一看，似曾相识，哦，想起来了，这壶我们家小时用过，已经好多年都没有见过了，没想到在这里见到了，当时倍感亲切。厨房对面的两个房间，打开一间一看，里边摆放了一台滚筒洗衣机，这下可好了，这几天的衣服可以统统送进里边了；最后一间打开一看，差点没有惊呆过去，非常干净整洁的洗手间里摆放了一个巨大的浴缸，让人一看马上就有了想洗澡的冲动，整个浴室的标准一点儿也不亚于5星级酒店，而这套公寓的价格每人才仅仅

84

Apartments in the Old Town
Alternative to hotels in Warsaw and Krakow

Apartamenty na Starówce
Alternatywa dla hoteli w Warszawie i Krakowie

25 欧元/天！只比青年旅馆的床位贵了一点点。房间的设施并不华丽，普通而简单，电视机、电冰箱等家用电器还是多年前的款式，但这里绝对有家的温馨，家的情调，有一种住进来就不想走的感觉。走近卧室的窗户边，完全可以感觉得到连窗帘都是精心挑选的，典雅而温暖，推窗望去，外面一片翠绿，清新的空气迎面而来。

与《299美金飞遍东南亚》不同，在本次行程之中，我舍弃了酒店而预定了当地的公寓或者民宅，就是想体验一下当地居民的生活，感觉一下这个国家老百姓的生活状态。其实只要用心观察，从房间内外，走廊的很多细微处都可以感受到这个民族的文化。就像今天一样，如果住在华沙的酒店里，也许我就不会知道在普通波兰人的住宅里，浴室竟然受到如此的重视。住在这栋楼里，我感觉和周围的邻居同样地生活，如果有时间，完全可以敲开楼上楼下任意邻居的房门，走进他们的天地，与他们交流、聊天，让自己短暂的享受一次做当地人的快乐，也许这也是旅行和旅游的区别之一吧。这样的旅行方式也是我喜欢的一种旅行文化，从中感悟生活，*感悟世界，感悟自己的人生！*

波兰的未来

美丽的维斯瓦河穿越华沙城，今天的华沙依然保持着旧城和新城的布局，宏伟的宫殿、巨大的教堂，各式各样的箭楼、城堡等大都集中在旧城区，现代化的建筑则集中在新城区。整个波兰城市并不大，林木苍郁，花草广植，宛如花园一般。

从我们"家"出门左行2分钟，就又回到了刚才经过的"旧城广场"。这里是华沙最重要的历史街区，在整个区域内目前仍保持着中世纪风格，还有城墙环绕其中。出家门右行，3分钟之后波兰人民最杰出的女儿，唯一一位在两个不同学科领域、两次获得诺贝尔奖的伟大科学家，被爱因斯坦称之为在世界科学史上一个永远不朽的名字——玛丽·居里的故居就到了。在居里夫人故居不远的地方，就是"波兰起义纪念碑"、"波兰战场教堂"等新城区的景点。这些景点，由于距离都非常近，悠哉乐哉地走路全部可以抵达。安排一天的时间足够了。但是我决定今天就去旧城，之后回来买菜做饭，明

天一早再去新城，因为我实在不想浪费我们华沙的"家"，尽管是临时的，但是它那温馨的味道始终让我不能忘怀。

再次回到旧城广场时，尽管今天不是周末，但环绕广场四周的露天咖啡座里还是坐满了人，这一点倒让我有点吃惊，上次来波兰的时候，可从来没有看到过这种现象。在咖啡座之间，出售书画作品的摊位也出现了，为广场增添了艺术的气息。不过这里书画的水准与查理大桥相比，可不在同一水平线上了，光顾的客人也不是很多，倒是道边出售波兰手工艺品的摊位前围满了游人。这座古香古

色的广场四周布满了文艺复兴式、哥特式等不同风格的建筑，集中了大批交叉小径般的迷宫街道和博物馆以及教堂。在阳光的照耀下，这些呈现出不同颜色的建筑和广场上熙熙攘攘的人群构成了一幅美丽的中世纪图画。

其实真正建于13世纪的华沙古城在现实中早已经不存在了，只能深藏在历史和人们的记忆中了。眼前这些风格各异、看似中世纪的建筑实际上都是赝品，它们的历史也不过才五六十年，这与在布拉格我们见到的建筑历史完全不同。在第二次世界大战结束的时候，这里的一切都化为了灰烬，整个华沙85%的建筑也都遭受了毁灭性破坏。战后，波兰政府决定按照战前原样重建旧城，英雄的华沙人民就是依靠残留下来的一些照片、图纸、报纸、甚至每一个人脑海中的记忆，尽可能地采用和原来一样的建筑材料，克服了很多困难重新修复了旧城区。旁边的"华沙历史博物馆"里，收藏有许多再现当时过程的资料。

从这个意义上来讲，华沙也许是世界上独一无二的再造城市。纵观波兰的历史，我不得不说这个民族是一个让人肃然起敬的民族。历史上曾经三次被列强瓜分，从欧洲版图上消失长达123年之后，又经历了长时间异族统治的民族，一次次被摧毁，又一次次坚强的站起来，宁肯战斗到最后也绝不投降，依靠肖邦《革命练习曲》表现出的那种坚毅，波兰

人重新塑造了自己的历史，依然屹立在世人面前。也正因为此，重建的华沙旧城在1980年被作为特例列入联合国世界文化遗产名录。当时对它的评语是："华沙的重生是13至20世纪建筑史上不可磨灭的一笔……"我想，与其说把这些重新修建的建筑评为了遗产，还不如说把波兰民族这种不屈的精神评为了遗产。

　　在广场中央最受欢迎的地方矗立着一尊代表华沙精神标志的"美人鱼铜像"，它是由波兰著名女雕塑家卢德维卡·尼特斯霍娃于1934年以波兰女英雄什塔海尔斯卡为模特创作的，是波兰首都华沙的象征。几个天真无邪的孩子快乐地在其四周的水池里嬉戏着，她们欢快的笑声和充满活力的青春感染了现场的每一个人，他们代表了波兰的未来……

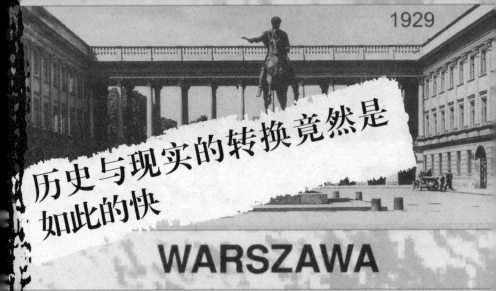

1929

历史与现实的转换竟然是如此的快

WARSZAWA

1

Grób Nieznanego Żołr

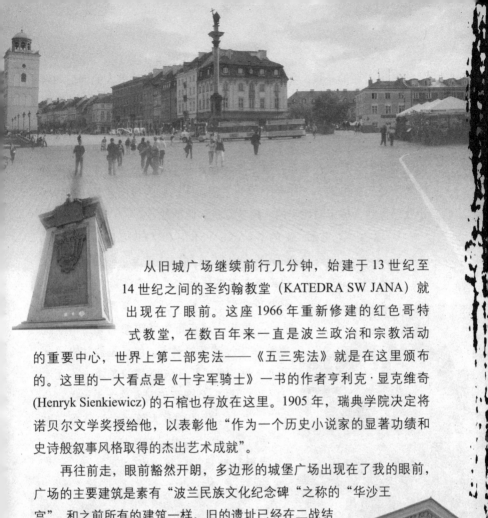

　　从旧城广场继续前行几分钟，始建于 13 世纪至 14 世纪之间的圣约翰教堂（KATEDRA SW JANA）就出现在了眼前。这座 1966 年重新修建的红色哥特式教堂，在数百年来一直是波兰政治和宗教活动的重要中心，世界上第二部宪法——《五三宪法》就是在这里颁布的。这里的一大看点是《十字军骑士》一书的作者亨利克·显克维奇 (Henryk Sienkiewicz) 的石棺也存放在这里。1905 年，瑞典学院决定将诺贝尔文学奖授给他，以表彰他"作为一个历史小说家的显著功绩和史诗般叙事风格取得的杰出艺术成就"。

　　再往前走，眼前豁然开朗，多边形的城堡广场出现在了我的眼前，广场的主要建筑是素有"波兰民族文化纪念碑"之称的"华沙王宫"。和之前所有的建筑一样，旧的遗址已经在二战结束后荡然无存，成为了废墟，目前引入我们眼帘的这座宫殿是在 1971 年——1984 年间完成修建的的。在 300 多间华丽的房间里，展示了各个时期波兰国王使用过的家俱、油画以及各种精美的瓷器等艺术品。

　　在广场的中央，矗立着一根 22 米高的花岗石圆柱。这根圆柱是华沙最古老的纪念碑，顶端是波兰国王西吉斯蒙德三世的青铜铸像，就是这位一手拿剑，一手拿着十字架——象征信仰力量与利剑同行的国王，决定将波兰的首都由克拉科夫迁到了华沙，由此揭开了波兰历史新的一页。如今在他的雕像之下，坐满了等人的情侣和游客，我也顺势坐进了他们其中。波兰人爱读书的习惯真的值得我学习，在我旁边不远的地方，就有好几位女孩在边看书边等人。不久，她们其中一位的男朋友来了，两人一顿旁若无人地拥抱接吻，比在纽约还美式，之后依偎着手拉着手亲密地离开了。这个原本在我看来承载着沉重历史的地方，如今却成为了年轻人约会的最佳首选，不由地让我感慨到，历史与现实的转换竟然是如此的快。

从这里顺着面前的 KRAKOWSKIE PRZEDMIESCIE 大道、NOWY SWIAT 这两条路直走，在沿途会欣赏到美丽古老的华沙大学、华沙最美丽壮观的巴罗克式建筑克拉辛斯基、祭奠肖邦之心的圣十字教堂、建有哥白尼雕像的波兰科学院等许多华沙著名的景点，终点是波兰末代国王斯·奥·波尼亚托夫斯基的花园——瓦津基公园。这座公园我们国人称之为"肖邦公园"，六十年代的中美大使级会谈就是在这里举行的。以上这两条路同样也是在二战后重新修复的，街道两旁都开着漂

见到这个标志一定要进去买支冰激凌

亮的鲜花，在又直又长的街道上，两旁的咖啡吧、时尚商店、画廊、高级酒店等是一家挨着一家。行走于这里，明显感到一股华丽的贵族气质弥漫于风景之间，难怪这条路被誉为华沙最美丽的街道。

走在这条路上，在感悟历史的同时，也同时感受到了华沙最时尚、最现代的潮流。随着波兰加入欧盟和波兰与美国达成部署反导弹系统协议，近年来美国与波兰的关系急剧升温，在波兰的投资也已达几十亿美金。走在街上可以明显地感受到美式文化对这里的影响，不仅麦当劳、肯德基等美式快餐随处可见，就连各家商店播放的背景音乐都是最新流行的美国歌曲，店员说的也都是流利的英语，与几年前的波兰真是不可同日而语。穿着时尚漂亮的短衣，露出一小截肚皮，透着时尚和美丽，走起路来姿态优雅，显得自信而张扬的波兰女孩在街上更是随处可见。据说现在将一流的波兰美女嫁到美国去，已经成为了这里的一种时尚。

这里埋葬着肖邦的心脏

华沙大学

93

人类也需要梦想者

1935 年 11 月 23 日，在美国纽约市罗里奇博物馆，科学巨匠爱因斯坦对一个永远不朽的名字作出了这样的平价："她一生中最伟大的科学功绩——证明放射性元素的存在并把它们分离出来——所以能取得，不仅是靠着大胆的直觉，而且靠着在难以想象的极端困难情况下工作的热忱和顽强，这样的困难，在实验科学的历史中是罕见的。"这位令他尊敬的女性正是玛丽娅·斯可罗多夫斯卡娅，即我们大家熟知的，被誉为"镭的母亲"的居里夫人。

玛丽·居里这位伟大的女科学家，以自己的勤奋和天赋，在物理学和化学两大领域，为人类做出了杰出的贡献。她一生共获得 10 项奖金、16 种奖章、107 个名誉头衔，不仅自己获得过两次诺贝尔奖，她的女儿女婿——约里奥 - 居里夫妇在其指导下，也于 1935 年获得了诺贝尔化学奖。这样的成就在世界科学史上都空前绝后，但是她是一位真正的科学家，一切荣誉、金钱、灾难都在她科学之光的照耀下荡然无存。这位"镭"的发明者本可以成为亿万富翁，但是她终生拒绝财富，放弃了专利，将镭的发明专利无私奉献给了全人类，一生都过着简朴清贫的生活，并以她的无私感动了所有的人！"人类也需要梦想者，需

要醉心于事业的大公无私。"这句她自己说的话是她一生最好的写照。到居里夫人的故居瞻仰，是我这次来华沙的一大心愿。

这是一栋巴洛克式三层公寓楼，墙体是咖啡色和粉色相间，二楼的中间有一个小阳台，里面就是居里夫人的诞生地。1867 年 11 月 7 日，居里夫人就诞生在这座普通的住宅里，弗雷塔大街 16 号（Ul freta 16）。这座普通得不能再普通的住宅，距离中国驻波兰大使馆仅 500 米，要不是门口挂着一个小牌子，我是绝对想不到这里就是居里夫人故居。里面的陈设非常简陋，陈列着居里夫人的简介及部分生活工作用品。与在其他地方参观不同，所有在里面的人都非常安静，每个人都是带着泪水参观完这位伟大、无私科学家的故居的。

居里夫人以她归真返璞、贫贱不移的一片丹心，不仅感动了科学巨匠，而且也激励了成千上万的莘莘学子，在科学探索的荆棘之途中，前仆后继，鞠躬尽瘁！1986 年，当李远哲博士获得贝尔化学奖时，他吐露出了引导他走上科学之路的正是他小时候所读的《居里夫人传》。主人公勤劳不懈、热爱生命的高贵情操和理想，使他确立了一生追求的目标。2007 年 9 月 19 日，在南京大学为庆祝我国著名核物理学家施士元先生百岁寿辰暨文集首发式

Lazienki

上，这位居里夫人为中国培养的唯一物理学博士，老人家写下了如下感言："我习惯于泰然处世，可以说是无忧无虑地走过了百年……。老人的长者风范与淡泊豁达的人生态度令在场的所有人感动，我想这与老人年轻时所受到的居里夫人的影响是分不开的。

在居里夫人出生的年代，她的祖国波兰还处于俄国沙皇侵略者的统治之下，正处于内忧外患的战乱之中，虽然离乡去远，但是她却心牵故园，一直思念着自己的祖国。1898年，为了纪念自己的祖国波兰，居里夫人将她新发现的元素命名为"钋"，也就是波兰的意思。1934年7月6日，居里夫人下葬于巴黎梭镇居里墓穴，她的哥哥和姐姐向墓穴中洒下了从她的祖国波兰带来的泥土……

居里夫人自强不屈的精神和伟大的人格魅力深深地感染着我，在前往格但斯克的火车上，望着窗外美丽的风景，我的思绪还沉浸其中，从居里夫人艰难坎坷的一生到"兆瑞环球网"创办至今所经历的风风雨雨，一切一切我想了很久很久……借用居里夫人的一句话送给我自己，也送给"兆瑞环球网"的所有同事们和朋友们吧——"我们必须相信，我们对每一件事情都具有天赋的才能，并且，无论付出任何代价，都要把这件事完成。当这件事情结束的时候，你要能问心无愧地说：我已经尽我所能了。"

二战第一枪

Reinhold

Kapitał, który owocuje

坐落在波兰北部的格但斯克 (Gdansk) 濒临波罗的海，是维斯瓦河入海口，也是波兰最大的港口城市和旅游度假胜地，与其周边的索波特和格丁尼亚两市形成庞大的港口城市联合体，称之为"大格但斯克"或"三联市（Tricity）"。其中建于公元997年的格但斯克是三座城市中最古老的一座，也是波兰最古老的城市之一。

对于我来说，前往这里，除了前面所讲从这里前往俄罗斯的加里宁格勒比较便利之外，其实这座城市本身的历史和文化也很吸引我。这座城市在欧洲政治、军事与外交史上，历来都是属于最受人关注的焦点之一。自从1308年条顿骑士团征服格但斯克，在之后长达600多年时间里，这里一直是德意志和波兰两大民族之间反复争夺的主要焦点。对于波兰来说，它是直接通往大海的出海口，而对于德国来说，它是联结德国大部分领土和东普鲁士地区的咽喉要地（东普鲁士在二战之前属于德国，下一站我将要去的加里宁格勒之前就是东普鲁士的首府）。所以这座城市对于这两个民族来说，均是自己的生命线，哪一个也丢不起，也不敢丢。历史上关于这

DOM SZTUKI LUDOWEJ

座城市的归属地曾进行了多次战争，每次战争之后，失去这座城市的一方都会引为奇耻大辱，一定想办法再夺回来，于是下一次战争又爆发了。

1793 年之后，由于这座城市被德国统治，所以改名字为但泽（德语）。在第一次世界大战中，由于德国战败，根据战后签订的凡尔赛条约，这个当时已经被普鲁士王国以及其后的德意志帝国统治了几百年的城市于 1920 年 11 月 15 日成立自由市，也就是一个在国际联盟保护下的半独立的准国家，这种状况一直维持到 1939 年。

1939 年 3 月 15 日，希特勒兼并了捷克斯洛伐克，随即要求波兰归还但泽，并解决波兰"走廊"问题，获得连接波美拉尼亚和东普鲁士的通道，这个要求遭到波兰的拒绝。1939 年 9 月 1 日凌晨 4 时 45 分，停泊在但泽港外伪　　　　　　　　装成前来友好访问的德

国战舰突然炮击驻扎在但泽西盘半岛上的 210 人波兰军队，1 小时后，德军地面部队 3000 人从北、西、西南三面发起了全线进攻，打响了第二次世界大战第一枪。

1945 年 3 月，苏联红军攻占该市，激烈的战斗使得 90%的城市在战争期间变为废墟，25%的战前人口死亡。根据战后的雅尔塔和波茨坦协定，格但斯克在普鲁士和德国统治了 152 年以后重新成为波兰领土。但是两国边境的最后解决是 1990 年 9 月 12 日在莫斯科举行的最后一轮"二加四"外长会议上，签署了《最终解决德国政府问题的条约》，德国宣布正式放弃对奥德河—尼斯河线以东所有由波兰管理的原德国领土的要求。至此，将近 700 年来对于格但斯克这座城市归属的长期争议才终于划上了句号。

回顾这座悲情城市的历史，让我对这座城市充满了感情。经过战后 60 多年的发展，今天的格但斯克已经成为波兰一个非常重要的城市，造船、炼油、化学和食品加工业等都成为了波兰经济的支柱产业，其中造船业更是在其中占有重要地位。走出火车站，对面就是著名的老城，老城中现在除了圣凯瑟琳教堂等少数教堂被修复之外，其余的古建筑几乎已经荡然无存。在老城的北部则是著名的格但斯克（原列宁）造船厂，现在它是波兰规模最大的造船企业，拥有波兰 50%的造船能力，80 年代著名的"团结工会"就诞生在这里。老城的南部主城，目前修缮最好的建筑几乎都在这一区域，长街和长市场是这个区域的主要大街，所谓的长街其实并不长，只是从金门到绿门短短的一段，这一段当地人称之为"王室大道"。沿街有许多精美的建筑和雕塑，以及艺术品和琥珀商店，这里和隔壁的加里宁格勒都是全球重要的琥珀产地。

走了一圈下来，感受时尚与现代与这里的关系好像还是稍微远了一点，尽管这里拥有著名的砖石结构教堂圣玛丽大教堂、以华丽的管风琴和巴洛克式装饰闻名的奥利瓦大教堂，但是与华沙、布拉格等城市相比，这座历史上数度沦为没有国籍的自由市的整体风貌明显还是寒酸了许多。可能是刚刚加入"申根"协定的缘故吧，在大街上没有看见一个亚洲人，更不用说国人了，感觉和我 6 年前第一次来波兰时差不多，这里正处于一个社会生活变革的时代。老式的电车、破旧的前苏联式建筑、性感光鲜的美女广告牌形成了一道独特的风景。

拿着 46 兹罗提买的车票，第二天清早，我登上了前往加里宁格勒的大巴。窗外的波兰渐远渐去，一个古老又年轻的国家，一个充满悲情又奋发向上的民族……

第三章
俄罗斯飞地——加里宁格勒

回国也要办签证

对于飞地这个人文地理的概念，可能大家很有一种陌生感。飞地是指在某个国家境内有一块主权属于他国的领土。根据地区与国家之间的相对关系，飞地又可以分为"外飞地"与"内飞地"两种概念。外飞地是指某国家拥有一块与本国分离开来的领土，该领土被其他国家包围，则该领土称为某国的外飞地，我今天前往的俄罗斯加里宁格勒就属于这种情况；内飞地是指某国家国境之内有块地区的主权属于

Информационно-туристический центр Светлогорска
The tourist's information centre of Svetlogorsk

Светлогорск, ул. К.Маркса, 7а
телефон: +7 40153 2 20 98
факс: + 7 40153 2 17 63

K.Marksa St., 7а, Svetlogorsk
phone: +7 40153 2 20 98
fax: +7 40153 2 17 63

itc@svetlogorsk.org
www.tourism.svetlogorsk.org

СВЕТЛОГОРСК

别的国家，则该地区是这国家的内飞地，也同时是握有主权国家的外飞地，比如德国的布辛根 (Büsingen)。产生飞地的主要原因除了极少数由于生活聚居自然形成之外，主要是近现代历史上强权政治和殖民统治的结果，与国际关系发展和政治格局演变有着密切关系。

在写《299美金飞遍东南亚》这本书中，我就提到过这块被立陶宛和波兰包围，距离600公里之遥，面积只有1.51万平方公里的俄罗斯飞地，其中也特别提到了我们中国也曾经拥有的相当于贵州省面积大小的一块飞地。但让我没有想到的是，就在"299"之后不久，我就马上来到了这块飞地——加里宁格勒 (Kaliningrad)。

这个目前俄罗斯最西部也是经济最不发达的州，自然资源缺乏，90%的原材料要靠铁路和汽车从俄本土及它国运进，80%的电能来自俄本土。但是这里琥珀的生产可是驰名全球，储量占了全世界储量的90%。另外这里也以盛产美女著称，俄罗斯总理普京的爱人柳德米拉就出生在这里。但对于德国人来说，一提起加里宁格勒，可能是他们心中永远的痛。在第二次世界大战结束之前，这座城市的名字叫哥尼斯堡，是德国东普鲁士的首府，著名的哲学家康德就诞生在这里。

НИДА NIDA
МОРСКОЕ MORSKOYE
РЫБАЧИЙ RYBACHIY
КУРШСКАЯ КОСА
ЛЕСНОЕ LESNOYE
ЗЕЛЕНОГРАДСК ZELENOGRADSK
КАШИРСКОЕ KASHIRSKOYE
ЗАЛИВНОЕ ZALIVNOYE
АЭРОПОРТ ХРАБРОВО

105

二战结束之后，根据雅尔塔和波茨坦协议，作为战胜国享受的战利品，苏联边境整体西移，将哥尼斯堡连同东普鲁士一部分地区都划归到了自己手里，东普鲁士另外的三分之二领土则分给了波兰。1946 年，当时的苏联领导人加里宁去世，为了纪念他，苏联就将这座城市的名字由哥尼斯堡改名为加里宁格勒，其周围区域则变成了加里宁格勒州，并且苏联政府强行将这里原来居住的德国居民迁走，迁入大批俄罗斯居民。90 年代随着苏联瓦解，其周围的加盟共和国立陶宛、拉脱维亚与白俄罗斯纷纷独立，使得加里宁格勒与莫斯科之间失去了实体的领土相连，而成为了一块孤立的土地，也就是我们所说的飞地。

今天来看当时的苏联领导人斯大林没有把加里宁格勒划入刚刚并入苏联的立陶宛，而是划入了俄罗斯联邦，成为了最小的一个州这个做法简直是聪明绝顶，否则随着立陶宛的独立，这地方没准儿早已成为欧盟的一部分了。但现在情况正好相反，由于斯大林当年的聪明，这个地方现在不仅是俄与西方角力的一个重要筹码，俄罗斯重要的海军基地，波罗的海舰队司令部就设在此，而且也是俄罗斯承受北约东扩的最前沿地带，变成了俄罗斯插入欧盟内部的一个强有力的楔子，让"北约"在波兰等国部署的反导弹系统大打折扣。只是现在这里的百姓出行有点麻烦，如果现在走陆路去趟莫斯科，必须经过两个主权独立国家——立陶宛和白俄罗斯，由于立陶宛今年已经加入了"申根协定"，和我们一样，还要预先申请"申根签证"才能成行。

106

瞧制片人多帅！
现在可是钻石王老五

免费送我们回北京？

在一开始设计这条"699"线路的时候，是没有这一站的。后来在写作《299美金》中"飞地"那部分书稿的时候，触动了我前来的欲望，再加上俄罗斯本身与这些前东欧国家在经济、政治、社会等方面都有着千丝万缕的关系，看看这些变革之后的前东欧国家与现在俄罗斯之间的对比，也是我想来的最主要原因，也许这也是旅行和旅游的区别吧。再有对于这个世界第一面积大国，我还从来没有涉足过，今天既然有这样的机会，那还是来看一看吧。不过，这也是巧合，要是在整个行程中没有这一站的话，那整个行程的飞行线路也将调整，未必首站选的是直飞捷克。

应该说格但斯克距离波、俄的边境很近，但是给我的感觉好像车子开了好久还没有到，这也难怪，一路上行驶的都是羊肠小路，根本没有我想象中的国际高速公路，也没有见到带有英文的路标。如果是自己开车的话，非迷了路不可。七绕八绕之后，车子终于停在了波兰边境站前。对于边境，这些年我可没少与他们打交道，6年前我第一次乘坐火车从捷克进入波兰的时候，当着全车厢那么多人的面，当波兰边检看见我持有的是中华人民共和国护照时，立刻就把我们几个中国人的护照拿走了，说是要进行严格审查，后来还是在我的抗议声中才将我的护照退还给了我（详情见《3000美金》）。那时捷克和波兰还都需要单独申请签证，而这一次两国一起加入"申根"了，所以我从捷克到波兰没有人查签证。现在我是离开波兰，前往非"申根"国家俄罗斯，所以要检查护照和签证。

和我的心里预期差不多，当全车乘客的护照都拿回来之后，车上就剩下我们中国人的护照还在边检那里。可能是这几年真的老了的缘故，反正这次我的心里承受能力特强，一点儿也不着急，带上耳机靠在座背上，好好欣赏着李娜的《青藏高原》。查吧，慢慢查，反正中国护照到哪里都受"优待"，这种情况我已经见怪不怪了，不过有一点我还是有点不解，都要离开你们国家了，根本就不存在移民倾向，你们还查得如此认真，难道不想让我去俄罗斯，免费送我们回北京？

还真不错，《青藏高原》才循环听了5遍，边检就把我们的护照交还给了司机。打开一看，也没少什么，还多了一个波兰的出境章。把护照放在手上的时候，我觉得很内疚，真的有点对不起全车的乘客，害得大家和我们一起浪费时间。吃一堑长一智吧，相信他们下次发现再有中国人和他们一起乘车要过边检的时候，一定会事先给自己准备好"随身听"的，不知道这点算不算旅行攻略之一。车开几分钟之后，就进入了俄罗斯的地界，可能是因为这个口岸平常也没有什么游客进入，所以边检就在道边的一个白色小屋里边。不过这边可没有刚才那么舒服了，不管如何，人家波兰还是让咱在大巴车上等着的，现在是所有人员带好自己的贵重物品统统下车，带着护照排队进入小屋办理过关手续。临下车时，怕我们没有听懂俄文，一个好心的波兰人用英语把这个要求向我们做了翻译。

屋子不大，总共就有两个窗口，里面坐着两个年轻漂亮的俄罗斯

MM。有了刚才波兰出关的经验，我想这次也别排在队伍前面了，还是乖乖地排在队尾吧，当又要严加审查的时候，一是省得耽误后边的人时间；二是至少也能顾及一下咱们泱泱大国的颜面，不知道的，还以为我们犯了什么事儿。还别说，有些事情还真经不起念叨，排在队尾的我正心里瞎嘀咕呢，已经轮到我了。这队排得还挺快，在我们之前的乘客办理入境手续时，只见每个人的护照在她那台电脑上一刷，再盖上个入境章就扔出窗口了，几乎一分钟两个人，能不快嘛！

　　隔着玻璃只见这位年轻的俄罗斯 MM 已经在看我的护照了，可能是因为我持有的中国护照和波兰护照封皮的颜色都相差不多，再加上这位漂亮的 MM 一直在低头工作，所以当她把我的护照在电脑上刷完，才意识到这是一本与前边的人都不相同的护照，在抬起头看到我的同时，惊讶地说出了一句："CHINESE PASSPORT！"在说这句话的同时，只见这位漂亮 MM 的眼睛急剧放大，仿佛看见了外星人。在收全了我们的中国护照之后，这位 MM 动作麻利地出了小房间，消失在后边的办公室里，把在一侧等待我们过关的波兰司机看得目瞪口呆。

　　我向波兰司机抱歉地笑了一下，无奈地摊开双手，继续等吧，这种情况我早已是见怪不怪了。再说刚才不已经有预演了嘛，早有心里准备了，带上耳机继续听李娜的《青藏高原》，这首歌真好，我百听不厌。听到第 5 遍的时候，波兰司机耐不住寂寞了，从前面关卡前的大巴上跳了下来，过来看看情况，我想可能 MM 这时正在往北京打国际长途核实签证吧？反正是没有任何动静，他也只能又回到大巴车上了。见他又回到了车上，我一想我也到外边阳光下站一会儿，让他们慢慢查好了，反正我们今天住在加里宁格勒，不急。

从小屋刚才我进来的门，我又原路溜达出去了。外面的空气真好，眼前的关口和我在《299 美金》中描述的文莱与马来西亚的关口差不多，但是感觉在硬件上还不如后者，也许是文莱财大气粗吧。虽然是七月，但由于这个地方处于高纬度，太阳照在身上不仅没有暴晒的感觉，反而感觉很舒服，暖暖的，加上这里的空气清新，这时我一点儿着急的感觉都没有，希望他们仔仔细细、认认真真地检查，最好把我护照上盖有签证的十几个国家的电话都打一圈，看看咱们中国人到底是要到这里刷盘子滞留不归还是真正旅行给他们送钱来了？

李娜唱的这首《青藏高原》真的不错，声音甜美，音域宽广，这不我现在都听了 20 遍了，还没有听够呢。还想往下听，听不了了，漂亮 MM 回来了。既然人家回来了，估计也查得差不多了吧，那咱也要对得起人家的辛苦，给个面子从外边回来看看结果吧。这时候我发现那个波兰司机已经在窗口前站了半天了，脸都快哭了，比我们还着急。此时回到窗口前的 MM 正襟危坐，手里拿着我们的护照开始非常严肃地问问题，在我回答了诸如到这儿来的目的，要呆几天等常规问题之后，在波兰司机快给她跪下的眼神之下，MM 犹豫再三，最后依依不舍地将中国护照还给了我们。

千辛万苦买出来的火车票
也就泡汤了

  在晚点2个多小时之后，大巴终于抵达了加里宁格勒火车总站（YUZHNY VOKZA）。火车站不大，可能和这里也没有太多的人口有关吧，整体建筑风格与国内的哈尔滨火车站相差不多，就是要小很多。在火车站的兑换中心拿欧元兑换完卢布之后，下一步就是购买明天上午前往立陶宛首都维尔纽斯的火车票。

  售票大厅和候车大厅都连在一起，可能是刚刚装修完，好多地方都还是新的。望着售票处两侧的十几个窗口我还挺高兴，心想这倒挺不错，人很少窗口也多，一会儿不就把票买了？谁知事与愿违，等我排上队买票的时候，我才真正体验到了什么是俄罗斯的效率。光是等我前面的两个人买好票，一个小时的时间

就没有了，轮到我的时候，我才明白为什么前面的人买票是如此之慢。原来在这里买火车票与申请签证没什么两样，就差提供存款证明了。售票员不仅要在她的电脑里登记我们的姓名、年龄、护照号码、签证号码、签证有效期、出生年月日、护照签证机关等等一大堆个人信息，而且还要将护照交给她检验，以辨真伪。当所有的信息都没有问题了，售票员才能收钱出票，就这一折腾，等我们的车票出来，一个小时的时间还算快的了。除此之外，还要注意车票上的开车时间，那上面写的是莫斯科时间，而莫斯科时间和加里宁格勒的时间是有一个小时的时差的，要是搞错了，千辛万苦买出来的火车票也就泡汤了。

认识世界 才能感悟世界

作为州府所在地的加里宁格勒市本身并不大，火车站前面的 LENINSKY-PR 大街是当地最主要的交通干道。走在这条大街上，我发现随着岁月的流逝，市内除了几座天主教堂和城堡外，已经看不到更多德国的影子了。现在整个市内最著名的德国残存物就是位于这条大街上的哥特式 KAFEDRALNY SOBOR 大教堂。这座始建于 1333 年的大教堂在二战中同其他建筑物一样，也遭受了严重破坏，直到 1992 年才开始恢复。现在它已经成为了这座城市的标志，很多市民都来这里做礼拜，作为这座城市的女婿普京也曾经来过这里参加活动。

在这座教堂的最顶层，目前还保留着从德国古典哲学创始人，启蒙运动时期最重要的思想家之一伊曼努尔·康德（1724 年 4 月 22 日—1804 年 2 月 12 日）遗体上取下的面膜。康德一生都生活在这座城市，出生、读书直至死亡，终身未娶，一辈子都过着单调刻板的学者生活。他的起床、喝咖啡、写作等时间几乎从未有过变化，以至于他每天下午 3 点半准时的散步，都被周围的邻居们用来对表，而此时教堂的钟声也会一并响起。有一次当他读到法国浪漫主义作家卢梭的名著《爱弥尔》时，被里面的情节深深打动，为了能尽快读完，不得不放弃每天例行的散步。结果这唯一的一次例外造成了他的邻居们手表错乱，不知道该不该以教堂的钟声来对自己的表。当他 1804 年去世时，诗人海涅说，康德是没有什么生平可说的。在大教堂的后面，就是他的大理石墓碑，望着墓碑上他的肖像，不由得让我想起了这位伟人的一句名言：（喜欢的）工作是使生活得到快乐的最好方法。

走过康德墓不远，在一条风景秀丽的小河上架着一座木制的小桥，桥上除了几对相依相偎在一起的恋人之外，就是挂满了密密麻麻的各式锁头，当然这些锁头是　　　　　　没有钥匙的了，这个时候我才明白原来
世界各国这个风
俗　都

115

是一样的。在所有锁头中，我找到了最大的一把，上面赫然写着"中国制造"。离大教堂不远的地方还有"世界海洋博物馆"、前苏联时期修建的中心广场和 BLINDAZH LYASHA 堡垒博物馆等景点供游人参观，但前来参观的人也寥寥无几。其实加里宁格勒对我来说最主要目的并不是来看这里的景点，而是想亲身体验一下这个被称之为"俄罗斯欧洲之窗"的神秘城市到底是怎样的？所以如果是纯旅游的话，可能就去它海边的"库尔斯沙嘴"或者干脆就不来了。"旅游"和"旅行"这两个词在我的脑海了，始终还是有区别的，行走世界的旅行对于我来说还是十分必要的，了解世界、认识世界才能感悟世界。

我嫁到你们中国去吧

来这里之前，从媒体上得知这里已经获得了 100 亿卢布的投资，是俄罗斯 7 个经济特区之一，政府也宣布这里的关税优惠，要把这里变成"欧洲的香港"。但让我感到吃惊的是沿着这条最繁华的大街走了一大圈，我连一家旅馆的影子都没有见到，映入眼帘更多的是破旧的房屋和落后的公交车，再就是时不时出现身穿海军军服的小伙子，市内的雕塑也与周围欧洲国家不同，很多都是以武器为主。即使是走在这条当地最繁华的大街上，除了几家花店和琥珀店之外，没有看见太多的商店，倒是看见很多退休的老人在路边摆摊，卖一点点蔬菜或者水果来贴补退休金的不足，即使这样规模也很小。居民的房子几乎都是灰蒙蒙的"火柴盒"，一点儿建筑特色也没有，这使我想起了 10 年前沈阳铁西区的景象。行走其间，丝毫没有感受到这是一座要下大力气发展旅游业的城市，倒像是一座"兵站"，整个城市的面貌和氛围让我很怀疑自己是否处在一个能将人类送上月球的国家。

晚上选择了一家当地相当不错的俄罗斯餐厅，看见我们进来，也许这里很少有外国人，尤其是亚裔人光顾，餐厅的客人和经理都很惊讶。为了我们进餐愉快，经理特意安排了这里唯一一个会说英语的女孩儿为我们服务。在整个吃饭的过程中，她一直站在我们的身边，无微不至。一位美女站在身边，当然不想放弃了解当地社会的机会，很自然地就和她聊了起来。这位目前还在读大学的美女学生告诉我，到这里来工作也是利用业余时间，因为她的父母退休之后，每人的退休金每月才200美元，而现在每个月物价都在涨，这一点钱，呵呵，说到这里，她有点不太好意思地笑了。其实她不用再讲下去了，我也特别理解，这座城市的邻居立陶宛和波兰在2004年5月加入欧盟后，由于欧盟的大力支持和巨额经济投入，目前这两国经济发展大家有目共睹，但由于这里的特殊身份，长期处于封闭状态，自然没有搭上邻居们经济发展的快车。不到500美元的人均工资的确比其邻居低了许多，更重要的是这里的物价可一点儿也不比周边国家便宜，所以当女孩说出这样的话来，我一点儿也没有感觉到惊讶，以其父母这点儿微薄的退休金对应目前这座城市的消费，的确有些艰难。从街上的车也可以看出，这座城市的贫富差距还是很大的，大部分老百姓的生活还是很艰难的。这里为了解决能源短缺的问题，听说正在准备建一座核电站，到时候也能解决一些就业问题，从心里希望这个消息对于这里的居民是个好消息，也祝福他们能够搭上经济发展的快车，让日子过得好一点。

接下来，我对她毕业后是否有打算去邻国立陶宛或者波兰工作有了兴趣，结果她摇了摇头。当我问

119

她原因时，她的回答让我有几分惊讶。由
于历史的原因，她说这里的人并不是很喜
欢这两个邻居，甚至有些排斥，很多人都
没有去过立陶宛，相反对于德国和法国，
大家还是比较向往的，并且很有好感。我
接过她的话问她对我们中国怎么样时，她
说我父母对你们中国很了解，很有感情，
我知道奥运会就要在你们那里开了。我说
是啊，中国经济这几年发展得不错，很多
世界大公司都在中国有投资，有机会你一

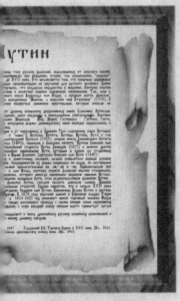

定要来看看。还有啊，接着这句话我神秘地告诉她，中国男人可是世界上最好的男人，尤其是上海男人，特会疼老婆，要不你考虑一下嫁到我们中国来吧，好不好？我现在就给你拍张照片，以后放到书里，没准儿好多中国小伙子向你示爱呢，到时候你可要好好感谢我啊！说到这里的时候，大家全笑了，我从心里感觉到女孩的高兴，女孩也露出了非常开心的笑容，大大方方地摆起了 POSE。

...пен курьером
...ми адресу и
...ас время
...едования
...илии – 2000 руб.
...ого дня до недели.
...0-93-73
...I.RU

ИП 304665830100082

第四章　立陶宛

行程的设计
绝对是一种智力

　　提到立陶宛就意味着我的行程进入了波罗的海三国，在历史上立陶宛、拉脱维亚和爱沙尼亚三个国家由于在历史、语言、地理等方面都很相似，所以人们习惯地称之为"波罗的海三国"。这三个国家都位于波罗的海东岸与白俄罗斯、波兰、俄罗斯接壤，自古以来就是东西方交往的天然通道，战略地位十分重要。历史上这三个国家曾多次遭到周围德国、瑞典、沙俄等近邻国家占领，1918 年 12 月 25 日，经过三国人民长期抗争终在这一天宣布脱离苏联而独立。但是好景不长，到了 1940 年，这三个国家又被迫成为了苏联的三个最小加盟共和国。这三国居民的生活水平原来与北欧的瑞典、芬兰不相上下，但在成为苏联的加盟共和国后，苏联不断向这三国大量移民，强制推行俄语，缩小其民族特征，致使其经济发展缓慢，不断被周围国家拉开距离，这更导致了三国居民强烈要求独立的呼声。这样的状况在维持了 50 年之后，终在 1990 和 1991 年三国相继宣布独立，并在 2004 年又相继成为了北约成员国。这三个国家不仅对于我们大部分国人来说非常陌生，就是对于很多欧洲人来说，也只是若隐若现地出

现在头脑里和电视上。所以到
这三个国家探秘，也成为了
我此次行程的重点。

以往行走这三国最
传统的办法，就是从三
国中的一边乘坐火车或
者汽车穿越中间的拉脱维
亚，一直到另外一边结
束。这样做的好处是可以
好好欣赏窗外的风景，再就是行程
规划比较简单，买票上车就 OK 了。

从立陶宛首都维尔纽斯乘坐大巴抵达另外一边
爱沙尼亚首都塔林，中途大约需要 12 个小时，如果采用这种传统的方
法，有两个因素我不得不考虑：

1. 假设我刚刚从国内直接飞到维尔纽斯，采用陆路交通的方式游
遍三国是可以的，也是非常可行的。因为两段陆路交通坐下来不仅不
会感觉很累，而且还会觉得很新鲜。但现实的问题是维尔纽斯毕竟不
是我的第一站，之前我已经有过乘坐火车和汽车穿越捷克和波兰等国
家的经历了，再往下继续每一段都乘坐火车或者汽车，人会感觉很累
而不是新鲜，另外把大量时间浪费在坐车上，从时间成本和体力成本
上讲都有点得不偿失。

2. 假设我采用最传统的办法，全部用陆路交通从维尔纽斯抵达
了塔林，这时就面临一个如何从塔林离开的问题？如果从塔林走陆路，
只有北上俄罗斯圣彼得堡或者芬兰赫尔辛基，但是到了这两个地方同

样面临如何找到廉价机票的问题；如果从塔林直接飞走，我没有找到任何飞往我将要前往的斯洛伐克、匈牙利等东欧4国的廉价机票，其最便宜的单程机票也要200欧元以上。这个价格对于我来说，是不可接受的，所以综合以上的考虑，我基本放弃了采用传统方法穿越波罗的海三国的想法。

　　既想节约时间、轻松旅行又想省钱，那只有寻找廉价机票。采用我在《3000美金》一书中，介绍的如何寻找廉价机票的方法之一：到航空枢纽去寻找，那么在这三个国家之中，拉脱维亚首都里加毫无疑问符合这一点。经过对经停里加的各航空公司、航线的选择以及我们旅行时间的要求，我最终确认了从里加前往斯洛伐克一条非常好的飞行线路，当然也得到了惊爆价的机票。而里加位于三国中间，如果还是选择陆路，那到了塔林后还要再折回来，这种事情我肯定不干，费力费时间，出来旅行，金钱只是其中之一，时间、心情等也很重要，不能为了省钱而省钱，一定是"性价比"最高。所以我又折回来寻找从立陶宛首都飞到塔林的廉价机票，经过对各个航空公司的分

析，最后我确定了这张

21 号下午飞塔林的机票，票价仅为

2 立特（立陶宛货币，合人民币大约 6 元钱）！

当然这个价格不包括机场税、燃油附加费等其

他费用。本次线路整体行程的飞行线路是连贯的，如

果这一段没有合适的机票，可能整个行程都要随之调

整，因为对于我来说，先飞哪里后飞哪里无所谓，反

正也不是商务活动，只要最后的结果符合我的要求即

可。所以说，行程的设计绝对是一种智力，包括了经

验和专业知识的累计。

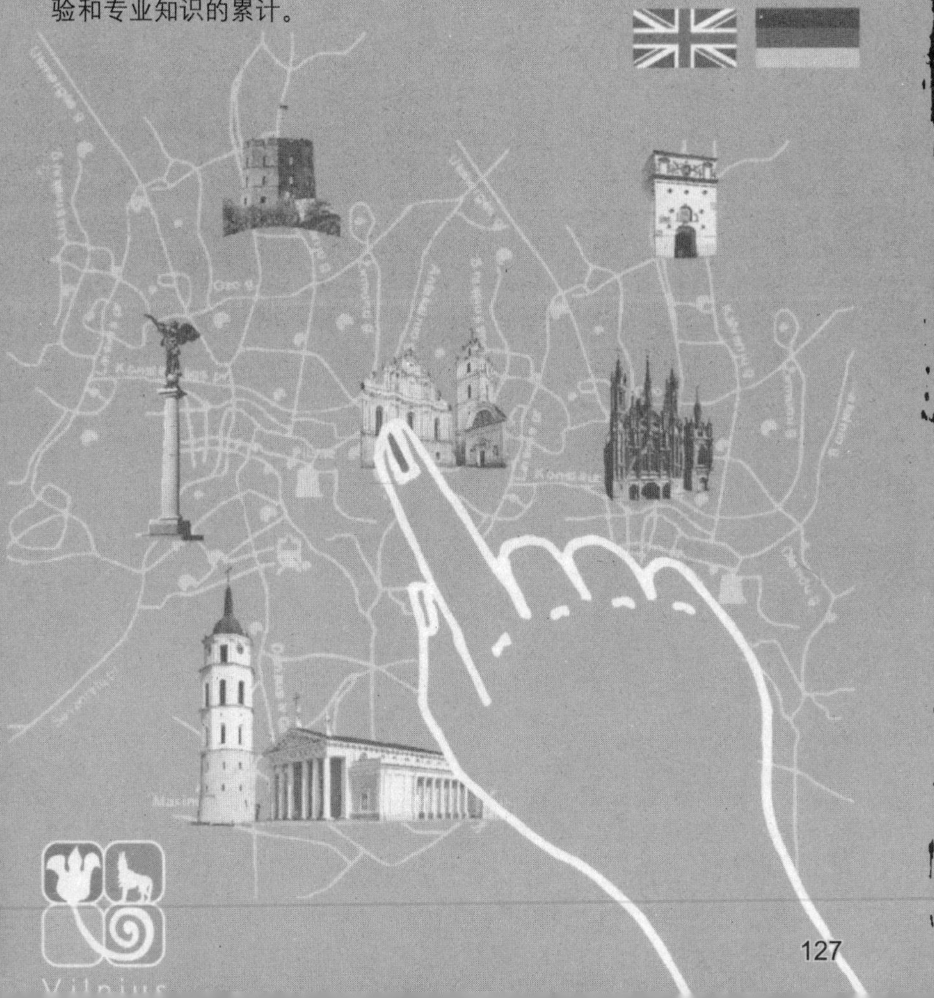

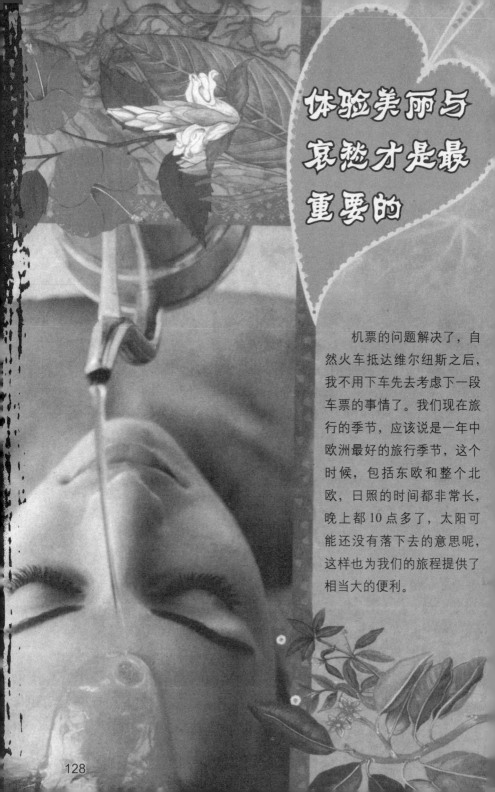

体验美丽与哀愁才是最重要的

机票的问题解决了，自然火车抵达维尔纽斯之后，我不用下车先去考虑下一段车票的事情了。我们现在旅行的季节，应该说是一年中欧洲最好的旅行季节，这个时候，包括东欧和整个北欧，日照的时间都非常长，晚上都10点多了，太阳可能还没有落下去的意思呢，这样也为我们的旅程提供了相当大的便利。

在"波罗的海"三国中，只有面积相当于冰岛大小的立陶宛，是以一个国家的状态维持了将近800年之久的，拥有自己的文化和语言。1385年前后立陶宛和波兰的三次联合，使其成为了当时在东欧最大的国家，从东边的黑海到西边的波罗的海都是它的势力范围，首都维尔纽斯自然也成为了当时欧洲著名的城市。今天我们从市内所保存下来的100多座不同时代的巴洛克式、文艺复兴式等各种古建筑中，依稀还能感受到当年的辉煌。也正因为此，维尔纽斯老城在1997年被联合国教科文组织列入世界遗产。虽然这个国家没有享誉世界的名川大河，但是这个国家的自然资源在这三国之中应该是最丰富的，国土面积1/3被森林覆盖，其境内的4000多个湖泊、450个大小城堡和5个国家公园还是非常值得一看的。另外其所产的琥珀也是这三国中质量最好的，市内的琥珀屋也不少。又由于在16-19世纪，这里还曾经是世界犹太教文化中心，世界上所有犹太教的领袖和顶级学者几乎都出自立陶宛，所以首都维尔纽斯，还被人们称之为"北方的耶路撒冷"。所以如果对犹太历史感兴趣，这个地方是除了以色列耶路撒冷之外必来的。

位于立陶宛

s, tablelinen, bedlinen

fabrics, garments, souvenirs

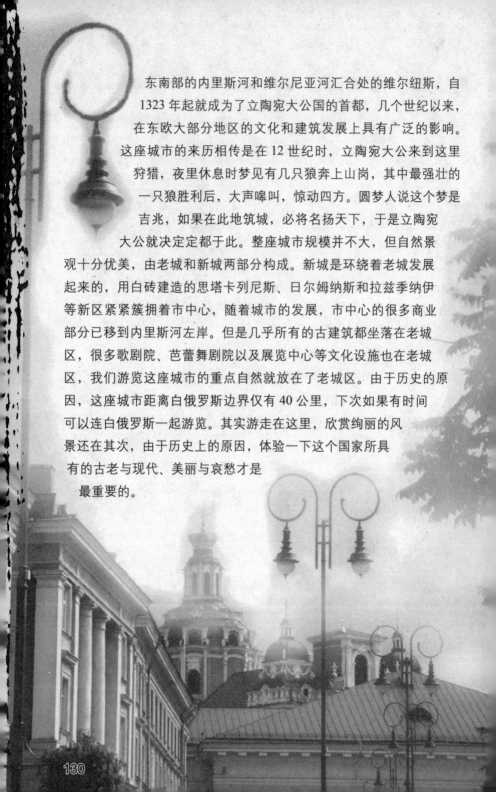

东南部的内里斯河和维尔尼亚河汇合处的维尔纽斯，自1323年起就成为了立陶宛大公国的首都，几个世纪以来，在东欧大部分地区的文化和建筑发展上具有广泛的影响。这座城市的来历相传是在12世纪时，立陶宛大公来到这里狩猎，夜里休息时梦见有几只狼奔上山岗，其中最强壮的一只狼胜利后，大声嗥叫，惊动四方。圆梦人说这个梦是吉兆，如果在此地筑城，必将名扬天下，于是立陶宛大公就决定定都于此。整座城市规模并不大，但自然景观十分优美，由老城和新城两部分构成。新城是环绕着老城发展起来的，用白砖建造的思塔卡列尼斯、日尔姆纳斯和拉兹季纳伊等新区紧紧簇拥着市中心，随着城市的发展，市中心的很多商业部分已移到内里斯河左岸。但是几乎所有的古建筑都坐落在老城区，很多歌剧院、芭蕾舞剧院以及展览中心等文化设施也在老城区，我们游览这座城市的重点自然就放在了老城区。由于历史的原因，这座城市距离白俄罗斯边界仅有40公里，下次如果有时间可以连白俄罗斯一起游览。其实游走在这里，欣赏绚丽的风景还在其次，由于历史上的原因，体验一下这个国家所具有的古老与现代、美丽与哀愁才是最重要的。

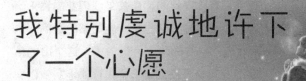

我特别虔诚地许下了一个心愿

这座城市和华沙一样，陈旧的无轨电车在这座城市的交通中占有重要的位置，其买票的方式也和华沙等东欧城市相同，事先在下边的杂货亭或者报刊亭等买好，否则无票乘车如果被抓住，将要面临巨额罚款。不过票价也很便宜，1 立特，相当于 3 元人民币。我们的游览首先是从三十字架山（THREE CROSSES HILL）开始的。说是山其实是一个很小的小山丘，从火车站过去我们打车 20 立特就到了。和很多东欧城市一样，在这里打车尽管车上有打表器，但是司机从不打表，所有的价格全部是大家协商，其实对于这一点，我一

点儿也不喜欢，甚至还有一些厌恶，尤其是我们花的钱永远会比当地人多，但是好像这也是一些国家的通病。来三十字架山这个地方的游人不是很多，这个山的顶端从 17 世纪以来一直竖立着三个白色的十字架以纪念钉死在十字架上的三个修道士，这个地方在前苏联时代人们是不能到这里来纪念的，现在映入眼帘的三个十字架是 1989 年重新树立起来的仿制品，原来的毫无疑问在前苏联时期遭到了破坏，这里对于立陶宛人民具有特殊意义，象征着他们的苦难与希望。其实从这里开始我们的维尔纽斯之旅，还有一个原因是这个位置是一个山丘，站在这里举目远眺，整座维尔纽斯的美景尽收眼底，可以对这座城市先有一个非常直观的印象。此时映入眼帘的是满城不同颜色的古老建筑和不同形状的教堂尖顶，在四周几条宛若玉带轻舞的河流包围中，非常美丽壮观，全欧洲最大的巴洛克式老城的确名不虚传。

从这里下山之后，对面就是位于格季米纳斯山顶部的 48 米高的格季米纳斯塔 (Gedimino Kalnas)，再走不远就是著名的维尔纽斯大教堂 (katedros aikste) 了。有人说这座城市教堂众多，就是因为这个民族在历史上饱受苦难，百姓在反抗不力的情况下，需要宗教的力量给予他们帮助和支持，把拯救民族的希望寄托到宗教，所以整座城市就布满了大大小小的天主教、东正教等不同宗教的教堂。现在宗教已经深入到社会生活的每个角落，宗教的力量在这个国家甚至可以超过法律的力量。如果要好好参观

132

这些教堂，恐怕三个月的时间都不够，在这些上百座的教堂中，无疑维尔纽斯大教堂是最有代表性的，也可以说是立陶宛的国家象征。在这座18世纪的白色经典建筑背后，这座号称"铁狼"的城市，数百年来却不断遭到外敌的入侵，经常成为狼嘴上的一块肥肉。

　　这里最早是立陶宛人供奉雷神 PERKUNAS 的神殿，随着十四世纪基督教传入立陶宛，第一座木制教堂即建设于此。在经历了一个多世纪之后，在大公爵 VYTAUTAS 的命令下，一座雄伟壮观的哥特式教堂取代了以前的木制教堂。后来经过数次战火洗礼，整个建筑遭到严重破坏，我们今天所看到的新古典主义外形是在 1783-1801 年之间经立陶宛建筑师改造，增添了很多法国古典特色。教堂对面山墙上的三尊雕像分别是

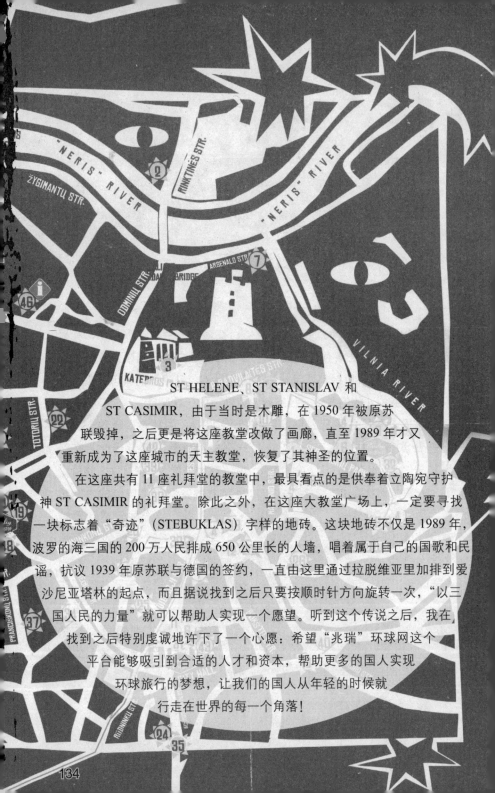

　　ST HELENE、ST STANISLAV 和

ST CASIMIR，由于当时是木雕，在 1950 年被原苏

联毁掉，之后更是将这座教堂改做了画廊，直至 1989 年才又

重新成为了这座城市的天主教堂，恢复了其神圣的位置。

　　在这座共有 11 座礼拜堂的教堂中，最具看点的是供奉着立陶宛守护

神 ST CASIMIR 的礼拜堂。除此之外，在这座大教堂广场上，一定要寻找

一块标志着"奇迹"（STEBUKLAS）字样的地砖。这块地砖不仅是 1989 年，

波罗的海三国的 200 万人民排成 650 公里长的人墙，唱着属于自己的国歌和民

谣，抗议 1939 年原苏联与德国的签约，一直由这里通过拉脱维亚里加排到爱

沙尼亚塔林的起点，而且据说找到之后只要按顺时针方向旋转一次，"以三

国人民的力量"就可以帮助人实现一个愿望。听到这个传说之后，我在

找到之后特别虔诚地许下了一个心愿：希望"兆瑞"环球网这个

平台能够吸引到合适的人才和资本，帮助更多的国人实现

环球旅行的梦想，让我们的国人从年轻的时候就

行走在世界的每一个角落！

距离大教堂广场不远的地方，就是立陶宛总统府了。从大教堂走到总统府，路上很多地方现在还铺着中世纪以来就有的碎石子路，弯弯曲曲的街道之间，新式店铺和历史遗留下来的古老建筑穿插其间，既拥有一股浓浓的东欧气息，又有着西欧的现代气质。当知道眼前这座古典俄罗斯式的建筑就是立陶宛的总统府时，我还真有点不太感相信这真的就是立陶宛总统府，因为它距离我想象中的总统府相差的还是太远了一些。门前既没有戒备森严的士兵，也没有一座挨着一座的连片建筑，只是这么一座非常

那个久远的年代

朴实的建筑矗立在我的眼前，连宏伟的气势都谈不上。不过这座建筑在历史上曾经有很多名人造访过这里，拿破仑和他的死敌俄罗斯将军MIKHAIL KUTUZOV都曾经以这里作过指挥所。和美国白宫一样，目前游人可以凭借护照事先预约登记，每周六在专门导游的带领下入内参观。

　　位于这座白色总统府旁边的就是立陶宛的最高学府，也是东欧最古老和最有影响的大学之一，建于1579年的维尔纽斯卡普苏斯大学，即维尔纽斯大学。由十几个不大的小院子组成的这座驰名东欧的大学，建校比莫斯科大学还早176年，原来是中世纪的天主教教会大学，布局结构今天依然保持着哥特式、巴洛克式、文艺复兴式和新古典主义式风格等集于一体的独特景观，可以说整个学校就是一座建筑博物馆。虽然与剑桥大学、哈佛大学的校园环境不能相提并论，但是幽深狭窄的古老庭院、蜿蜒的走廊和拱门、精美的浮雕艺术以及参天的古树和藏书500万册的图书馆以及建于1387年的巴洛克式圣约翰大教堂还是显示　出了这所大学独特的魅力和浪漫的情调，使人的思绪仿佛又回到了那个久远的年代。

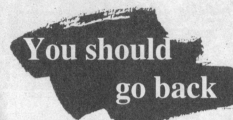

You should
go back

这所人文和自然科学综合教育的立陶宛最高殿堂，不仅左右立陶宛人的文化生活，连邻国都深受影响，几个世纪以来，数以千计的作家、科学家、社会活动家等优秀人才都毕业于这里。不过在1832—1919年间，大学曾被当时的沙皇俄国关闭，这对立陶宛来说是一笔巨大的损失。目前这里还设有中文系，2004年的时候，中国驻立陶宛大使馆还向其捐赠了一套设备，以帮助更多的人了解中国文化，促进中立交流。

和我们中国很多大学一样，目前这所大学的大部分学生被安置在了市郊新建的现代化大学城上课。尽管如此，在校园里，我还是抓住了一个法律系的大四学生，并和他用英语聊起天来。这是一个非常热情的、非常帅的小伙子，爱好广泛也很健谈，所以我们的话题也就无所不包，谈话首先就从立陶宛人最爱谈论的也是最引以自豪的篮球身上开始。篮球在这里可是这个国家的自豪，从1992年、1996年、2000年连续三届奥运会上立陶宛男篮都获得了铜牌，就可见其发展水平。篮球所处的地位和我们国家乒乓球所处的地位一样，被誉为立陶宛的"国球"，篮球运动员在立陶宛也受到特别尊敬。但是对于这样一个面积和人口都排名在全世界100多名之后的弹丸小国，为何其篮球水平长期处于世界前列，我对此也充满了好奇。

见我对他们国家的篮球如此有兴趣，小伙子更有了精神，神采飞扬地向我介绍起来。听了他的介绍我才知道，原来立陶宛篮球之

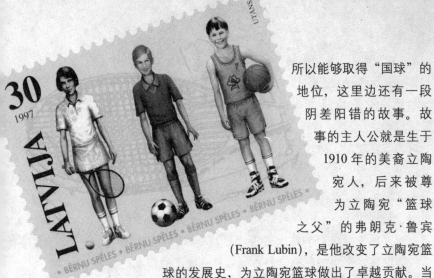

所以能够取得"国球"的地位，这里边还有一段阴差阳错的故事。故事的主人公就是生于1910年的美裔立陶宛人，后来被尊为立陶宛"篮球之父"的弗朗克·鲁宾(Frank Lubin)，是他改变了立陶宛篮球的发展史，为立陶宛篮球做出了卓越贡献。当年由于美国30年代经济不景气，他中断了大学学业而进入了美国专业篮球队，并在1936年的时候，作为美国国家男篮中的一员参加了柏林奥运会，为美国赢得了一枚奥运金牌。赛后由于立陶宛和德国非常近，他和他的家人就一起回到了当时还是一个主权国家的立陶宛度假。

尽管鲁宾的国籍是美国，但是他的血液中依然流淌的是立陶宛的鲜血，就像我们的美裔华人一样，所以当时的立陶宛总统非常热情地接待了他们全家。本来鲁宾没有在自己的祖国长期呆下去的想法，仅仅是想回来看一看，但这时发生了一个意外，就是这个意外，立陶宛篮球史乃至世界篮球史就此改观。这个意外就是他妻子的姐姐不巧在这期间摔断了腿，住进了立陶宛医院，而此时鲁宾的父亲因为工作需要必须马上返回美国，迫不得已鲁宾夫妇只好留下来陪伴受伤的姐姐，这样鲁宾暂时就留在了自己的祖国。闻听鲁宾有事暂时走不了，此时的立陶宛篮协可乐坏了，立刻就恳请鲁宾执教国家队。盛情之下鲁宾就走马上任了，还真别说，几个月之内立陶

宛男篮就脱胎换骨，学到了美式篮球的精华，不仅进步神速，而且还打败了 1935 年欧洲篮球锦标赛冠军拉脱维亚队，震惊全国。

　　而就在此时，鲁宾却以要在美国继续完成学业为由离开了立陶宛，回到了美国洛杉矶的家中。他回国后不久，得到这位"海归"真传的立陶宛男篮获得了历史性突破，赢得了 1937 年欧洲篮球锦标赛冠军。这期间来自立陶宛方面的信件一刻也没有停止过，不仅有篮协的信件、总统的信件、亲朋好友的信件，而且还有很多立陶宛的普通人也写信给他，希望他能回到祖国继续执教。最后还是鲁宾老父亲的一句话促使他又重新回到了立陶宛："You should go back.It's my homeland and I'd like to see you go back and help them."

　　鲁宾再次回到祖国不久，在他的带领下，立陶宛男篮在 1939 年的欧洲篮球锦标赛上又一次获得了冠军。这一下立陶宛更是举国欢腾，喜爱篮球的人自是大增，从此一举奠定了篮球成为立陶宛国球的地位。在以后的历史岁月中，经过一代又一代立陶宛球员的艰苦努力，立陶宛篮球水平一直处于世界前列，为世界篮球的发展做出了巨大贡献，

今天我们中国篮球队的主教练尤纳斯就来自立陶宛。讲到这里的时候，小伙子特别激动和兴奋，此时我也被他的情绪所感染，深深理解他内心深处的自豪。由于国家弱小，这个民族在历史上总是成为别人嘴边的一块肉，一部民族的发展史其实就是一部民族的屈辱史和斗争史。最后关于篮球的话题我们还聊到了假如这次奥运会上立陶宛队遇见中国队胜负会如何，没想到此话最后还真的应验了，中国男篮没能创造历史。

民族最大的心声

　　顺着篮球话题又转到了他毕业之后的打算，聊到了他怎么看待国家独立之后的立陶宛。他告诉我目前立陶宛的经济在波罗的海三国中是最弱的，大学生毕业也面临着很多工作困难，但是随着立陶宛加入了欧盟，他们毕业之后可以去英国、法国等国家寻找工作，工作的机会比以前多了许多。国家独立之后，开始了市场经济，他说他父亲那一代人其实还是很怀念那个时代，毕竟那个时代人人都有工作，贫富差距也不大，现在虽然是市场经济，但是普通老百姓还是很穷，很多人家里用的电器还是 10 年前的。谈到这里，我倒是表示特别理解，因为在这座城市走下来，也让我感到整座城市有一种灰蒙蒙、没有多少精神的感觉，在老城区之外，破旧的"赫鲁晓夫式"住宅随处可见，整座城市几乎看不见新的住宅。街头也有不少沿街兜售手工艺品的个体户，但大多为中老年妇女，英语的不足使她们只能做一些小生意。但街上不时走来穿着暴露、性感、时尚的年轻女性倒是给这座城市带来一丝亮色。

谈到他自己现在的感觉，小伙子做了一个夸张的动作，他说自己可能没有经历过那段历史，过去的历史对于他们来说也只是父辈们口耳相传的故事，所以感觉现在不错，很自由，想去哪都行，政府也不会干预。还有就是他没有学过俄语，这是因为立陶宛现在所有的学校除了用立陶宛语授课之外就是英语，这一点对他帮助很大。最后我问他是否常去酒吧，他笑了一下，说当然，这座城市的夜晚非常热闹，酒吧里永远不会缺人的。他邀请我到酒吧坐坐，也许到那个时候就会发现这座城市另外的一面，年轻，有活力！

　　在参观完古老的比列斯步行街和现代的时尚大道 Gedimino prospektas 大街之后，我走出了老城城墙现在唯一保留下来的正门——"黎明之门"。这道门通往一个小礼拜堂，里面供奉的是东欧流行的黑面圣母像，据说该神像能医治百病，因此这里一直是东欧的朝圣之地，前来朝拜的人络绎不绝。望着神像，我想也许立陶宛人民需要的是永久的和平，这个愿望可能比期望神像医治百病更能代表这个民族的心声。第二次世界大战的硝烟已经逐渐远去，年轻的立陶宛共和国也已经独立将近 20 年，随着社会的发展，这座古老的城市正在历史的大潮中焕发新生，越来越多的现代元素为这个古老的城市注入了活力。

　　透过飞机的机窗，我眺望着机翼下的立陶宛大地，造型优美、古老艳丽的教堂在绿色大地的衬托下是如此的美丽，似一首温文尔雅的田园诗，又像一曲荡气回肠的进行曲久久地留在我的心里。

第五章　爱沙尼亚

超越时空我们不会忘记

爱沙尼亚是"波罗的海"三国之中最具实力的，这一点从塔林国际机场就可以体验到。机场不仅规模、设施比维尔纽斯机场现代了很多，而且停机坪上还停满了来自世界各地不同航空公司和涂着自上而下分别为蓝、黑、白三色爱沙尼亚国旗标识的爱沙尼亚航空公司的飞机。让我没有想到的是在停机坪上，我看见了一架来自我国首家中外合资货运航空公司——翡翠国际货运航空有限责任公司的波音 747-400ERF 宽体延程型全货机，这可是目前世界上载货量最大，航程最远的大飞机。虽然只是货机，但也让我兴奋了好一会，也许过不了多久，我们的航空公

司就能开通国内和这里直飞的航线。

在抵达这座美丽的海滨城市之后，再次让我感受到了"申根签证"的便捷，下机后直接取行李通过海关即可，不用再像以前要经过移民局的护照签证检查。省了这一关，可给我们的旅行带来了很大的便利，

既节约时间又节约金钱，还给旅途带来了好心情。谁愿意总被人查来查去呢？真的希望有一天我们自己的护照也能像美国护照一样"一照在手，走遍世界"。

这座已经有 1000 多年历史的城市和它的国家一样，气候受海洋影响明显，春季凉爽少雨，夏秋季温暖湿润，冬季寒冷多雪，一年四季到处都充满着浪漫的情调。童话故事里必备的浪漫要素，诸如城堡、广场、教堂、修道院、海滨、游轮等等，这里全都具有，所以有人说要带着自己心爱的爱侣来到这座童话之城，一定会美梦成真。

与维尔纽斯机场一样，塔林国际机场距离市内也很近，机场门口的 2 路大巴直接就将我们送到了市内公交车总站（打车 70 爱沙尼亚克朗，不到 50 元人民币，比上海便宜多了）。提起塔林，可能有些朋友对它还是有点陌生，这座位于爱沙尼亚西北部波罗的海芬兰湾南岸的里加湾和科普利湾之间，始建于 1248 年丹麦王国统治时期的城市，距离拉脱维亚首都里加 307 公里，俄罗斯圣彼得堡 395 公里，历史上一度是连接中东欧和南北欧的交通要冲，被誉为"欧洲的十字路口"，塔林一词就是由"丹麦的"(Taani) 和"地堡"(linna) 组成，意为"丹麦的地堡"。而这个形成于 12—13 世纪的民族，曾先后被普鲁士、丹麦、瑞典等国家占领和统治，从 1710 年开始，爱沙尼亚被沙俄统治长达 200 多年，直至 1918 年 2 月 24 日宣布独立，成立爱沙尼亚共和国。但是很快在 1939 年 8 月，爱沙尼亚又被划入苏联势力范围，并于 1940 年 7 月并入苏联，成为加盟国之一。经过爱沙尼亚人的不懈努力和斗争，1991 年 8 月 20 日，爱沙尼亚终于宣布恢复独立，并于 2004 年加入欧盟，塔林则成为了独立之后的首都。

2008 年 4 月 15 日上午，爱沙尼亚驻华大使翁卡先生和另外两名爱沙尼亚使馆外交官来到了北京市红十字血液中心采血室。这位 42 岁颇有学者风度的年轻大使将自己的 400 毫升鲜血，无偿捐献给了四川汶川地震灾区。对于这一点，我想我们中华民族是一个感恩的民族，中国人民永远都不会忘记的。在北京奥运会闭幕式上，爱沙尼亚总理安德鲁斯·安西普、拉脱维亚总理戈德马尼斯、立陶宛总理格迪米纳斯·基尔基拉斯的身影也出现在了现场，他们和我们十三亿国人一起分享了奥运的喜悦和欢乐！

有很多东西
还真的不是用钱可以买来的

　　塔林的酒店并不便宜，而且其所谓的三星级酒店设施和国内根本不能同日而语，有时候真让人怀疑这些星级的评判标准世界各国到底是否统一。不过相对伦敦、赫尔辛基的酒店而言，这里还是要便宜许多。由于爱沙尼亚和芬兰同种同文，都属于 Finno-Ugric 语系，因此两国有着天然的特殊感情，再加上这里的物价与芬兰相比，毕竟还是要便宜很多，所以到这里来的游人就属大海对面的芬兰人多。这也难怪，85 公里的距离（海路），2 个小时的船程，往返这里比赫尔辛基到斯德哥尔摩还要方便。遥想当年我去赫尔辛基的时候，在码头上就见到了很多当地旅行社组织的塔林一日游，可惜的是那时候由于爱沙尼亚还没有加入"申根"，所以我也只能望海兴叹了。

　　尽管这里的酒店价格不菲，但是经过认真寻找还是可以找到"性价比"不错的酒店，我预定的酒店就是当地一家著名的经济型酒店。从这家酒店的名字上马上就能知道酒店的价格，一目了然，"16 EUR

Hostel"（www.16eur.ee），顾名思义，16 欧元一个晚上，这个价格比住青年旅馆自然"性价比"要高很多。酒店坐落的位置也非常好，距离机场 5 公里，距离热闹的市区才仅仅 100 米，可就是为了这 100 米的距离让我们找了好一大圈，费尽了周折，最后终于梦想成真。

从公交总站下车之后，本来想打出租车直接前往酒店的，但出租车司机看了一下地址 Roseni 9 之后告诉我说，呵呵对不起，不拉了，因为酒店就坐落在前边不远的地方。于是乎我们按照司机的指引一路寻来，找了半天还是没有发现，拿着上面的地址问了几位本地人，遗憾的是要么听不懂英语，要么根本不知道在哪里，要么就说在这儿附近，可具体位置也是不知。打电话到酒店一问，前台接电话的还不懂英语，这一下可把站在路边的我给难为够呛，按照酒店和司机等众人告诉给我的信息是在这儿附近啊，可怎么就找不到呢？站在路边我又仔细地看了一遍地图，安慰了一下自己别着急，不是说吉人自有天助嘛。

正 这

么想呢，迎头走过来一位年轻的女

孩，一看外表就是一位很有气质的大学生。

根据我多年海外旅行的经验，这类人群是最好的求助

对象，既懂英语又比较热心。果不其然，女孩在听完我的遭遇之

后，表示了极大的同情，拿起地图马上又看了一遍，随即拿起自己的

电话打给了酒店前台。通话完毕，她笑笑和我说跟我走吧，我带你去。

闻听此言，我心里猛地一热，没想到她能亲自送我过去。哎，这个世

界还是好人多啊，我心里感慨着，有很多东西还真的不是用钱可以买

来的！在她的带领下，不到 5 分钟，我就看见了酒店的大门。原来，

这家酒店毗邻大街，由于其门前正在施工，所以大门和招牌被施工所

围起来的挡板全部给挡住了，因此找了半天没有找到，而女孩儿领我

是从它的后门绕进来的。她因为怕三绕两绕我还是找不到，所以干脆

牺牲了自己的时间，直接把我送到了酒店的门口，好热心的爱沙尼亚

人！

一幅靓丽的东欧美女图

　　应该说塔林旅行的重点是老城，和维尔纽斯一样，老城也是"世界文化遗产"，同样保存了很多中世纪以来的建筑，在建筑风格上更多元化，很有童话之城的感觉。由于建筑紧密，一天的时间足矣，所以我就把游览老城的时间安排到了阳光明媚的第二天。在酒店洗完澡后，看着天色还早，我信步走出了酒店到街上溜达溜达，顺便也把我的晚饭解决了。正如我前面所写，这个季节是欧洲旅行最好的季节，尤其对于北欧和东欧来讲更是如此，此时日照时间特别长，晚上十一二点了，天可能都还没有黑，越往北走，越是如此。我上次"300.美金周游世界"时抵达位于挪威的欧洲大陆最北点——北角时，正是太阳24小时不落的季节，那场面至今还让我陶

Tallinn
SHOPPING
Condensed

Tallinn's only dedicated shopping guide

LIVONIA SHOP

醉，终生难忘（详情见上两本书）。

　　走出酒店右拐，不到 5 分钟，就是一家当地非常大的购物中心。虽然购物中心的规模和我在《299 美金飞遍东南亚》书中所提的购物中心没有办法相比，但是相对于塔林的人口来说，这里应该算是很大了，并且还很巧妙地和当地的公共汽车总站连在了一起，给人以极大的方便。虽然我个人在国内没有逛街的爱好，但是到了海外，就特别愿意四处走走、到处看看，这也是旅行的另外一种生活方式吧。在行走的过程中，就会对这座城市有所了解，有所感悟，也许就会发现一些之前自己不了解或者不知道的事情，读书行路本身就是我们了解这个世界开拓自己眼界的过程，尤其是在年轻的时候。

　　旁边的商场可以算是塔林商业的一个缩影吧，既没有北京、上海商场里的人山人海，也没有巴黎、米兰商场里的时尚、现代，但是走在里面却能感受到一种属于塔林自己的味道。与英国、意大利不同，这里店内的服务员很热情且以美女居多，整个看下来就像是一幅靓丽的东欧美女图，令人赏心悦目。

这里除了出售世界名牌的化妆品、服装等，还有一些爱沙尼亚本国的特产出售，甚至这里还有旅游咨询处和出售水果、蔬菜的超市。走进超市，可能是受气候和历史等因素的影响，胡萝卜，洋葱、土豆、圆白菜这四种蔬菜是蔬菜中价格最便宜的，这也是爱沙尼亚人日常生活中的主菜，价格我瞧了瞧和国内差别不大，而诸如黄瓜、菜花、西红柿等蔬菜相对就比较贵了。至于说大蒜、生姜之类的就更贵了（老外做饭时几乎不用），一斤差不多要 40 爱沙尼亚克朗（人民币和克朗的比值约为 1:1.5）。当然这些价格我都是用人民币衡量的，如果用当地人的平均工资水平衡量的话，那这些东西就显得不是那么贵了。

爱沙尼亚人的口味虽然以清淡和蔬菜为主，但是并不妨碍他们喜欢肉食，可能是受俄罗斯影响吧，这里的香肠和加里宁格勒一样美味，且价格便宜，我买了两大根连 50 克朗都没有用完。意大利式、法国式、俄罗斯式等各国风味的餐厅和快餐店在这里都可以见到，甚至还有一家韩国餐厅。最终我坐在了一家出售猪肉膳食的快餐店里，点了一道"烤猪扒"，这是爱沙尼亚传统名菜，肉质极佳而且外焦里嫩，更重要的是比较适合我的中国胃，量大不说，价格也还可以接受，整餐下来花了我 160 克朗，呵呵，还包括了一瓶可乐。

一心只读圣贤书，

两耳不闻窗外事

早上出门前，我先到前台取了前往拉脱维亚首都里加的大巴票。车票是昨晚我回酒店的时候，用酒店提供的免费无线上网在 www.eurolines.ee 上直接购买的，只是我没有打印机，所以只好请前台小姑娘帮忙把票给打印出来。这打印出来的车票就是我的正式车票，拿着它按照自己选定的班次直接到巴士站乘车就可以了。由于爱沙尼亚和拉脱维亚两国目前都加入了"申根"协定，所以从塔林到里加不用像过去还要检查护照和签证，直接买票上车就可以了。两地之间的大巴也非常频繁，从午夜00:30一直持续到晚上21:30都有，每天8班，票价330EEK（爱沙尼亚克朗）。我购买的这班早上7:00发车，中午11:25抵达里加。

走出酒店大门向左走不多远，就进入了塔林久负盛名的老城。这座欧洲保存比较完整的老城大约是在11到15世纪之间慢慢形成的，虽然历经战火，但大部分建筑还是保存得不错。走在蜿蜒缠绕的石子小巷里面，两边的教堂、商店、建筑物上面的LOGO等等几乎都是维持原貌至今。和布拉格不同的是，塔林古建筑至今依然能够保存良好的原因应该是与其在15、16世纪时，拥有的强大经济实力和当时在波罗的海所扮演的重要角色密不可分的，那个时代正是爱沙尼亚历史上的黄金时代，国富民强。

塔林老城大致分为两个部分，被称为图姆皮的上城坐落在一块石灰岩高地上，今天的国会大厦、亚历山大涅夫斯基大教堂等著名景点都坐落在这个区域。这个区域之前是属于统治阶层或者贵族居住的区域，由于汉萨同盟的关系，他们受到德国吕北克法律的管辖。而另外一部分下城区则是中产阶级、商人们居住的区域，他们统一由这里的市议会管辖，市政厅广场、圣尼古拉教堂等是这个区域

PILET 30 KROONI

内的著名景点。沿着这里最著名的皮克街也就是长街，走到头就是全世界曾经的最高尖塔——圣欧拉夫教堂 (OLEVISTE KIRIK)。这座已经有几百年历史的教堂，据说是为了献给当年的挪威国王欧拉夫二世而建的，其高达 124 米的尖塔足以让他傲视全城，在塔林的任何地方几乎都可以看见它的雄姿，也正因如此，今天它已成为塔林的象征。趁着每年 4 月至 10 月这段开放期，拿出吃奶的劲，沿着十分狭窄的楼梯，我终于咬牙切齿地爬上了 60 米高的观景台（小贴士：一定要带手绢）。站在高台之上，红屋绿花，整个塔林尽收眼底，一幅美丽的中世纪图画顿时让我心旷神怡，尽管耳边的风呼呼地响，我还是在这里坚持呆上了 20 分钟。

准备下塔的时候，赫然发现观景台后边还坐着一名工作人员，只见这位老兄正襟危坐，拿着手中的一部书正读得津津有味。看到如此情景，且不说这位仁兄每天是如何爬上来的，就是这一心只读圣贤书，两耳不闻窗外事的精神就让我佩服得五体投地。

搞得心里直郁闷

大教堂对面是建于1410年的"大基尔特"之屋，当时只有全城富有的商人和受到尊敬的居民才允许进入，现在已经改为了爱沙尼亚历史博物馆，里面收藏了一些14至19世纪爱沙尼亚的一些历史艺术品和钱币等。在它旁边不远的地方，如果看到地下室都被用砖封了起来的建筑，那一定是赫赫有名的前苏联克格勃总部（PIKK TANAV 46/48）。由于在中世纪时，这个区域主要是德国商人和中产阶级居住，因此这个区域房子的显著特点是三四层楼高，下面两层作为居住和会客，上面则被用作仓库，街道两旁的很多建筑都和商业有关，这也从一个侧面说明了这里当年的繁华。

这个区域的中心就是建于1313年的市政厅所处的市政广场，有多达8条的街道都可以抵达这里。从13世纪起，这里就成为了商品展示、游行集会的场所，塔林人一有事，就一定涌到这里，行刑、举办庆典、唱歌跳舞等等，从其旁边保存下来的"市政厅药局"、"市政监狱"等景点都可以想象

到当年的情景。今天这里依然是塔林的社交中心，到处都是露天的咖啡酒吧和餐厅，时不时还能看到有人在这里拉琴卖艺、唱歌跳舞。据说整个东北欧的第一棵圣诞树就是在这里栽下的，每到圣诞节前后，这里都会摆满漂

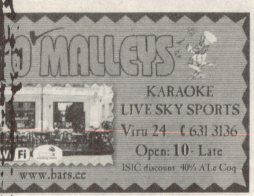

亮的圣诞树，这个传统距今已有 600 年历史了。走到这里的时候，我找了一家咖啡馆坐下，叫了杯咖啡，然后看人来人往也感觉很有意思，在这里竟呆坐了半天。

从这里转向西南方向而

行，踩着以小石块堆砌而成的小径向上走不多远，就进入了上城区。小径旁边的房屋大部分已经翻新，但是外形依然保留着过去的风格，并没有破坏古香古色的味道。我发现小径旁边的很多商

店都在贩卖前苏联时期的军服、军徽等古董，似乎这里所有人都迫不及待想摆脱前苏联的影子，把手中所有的前苏联物品都贩卖出去。当然贩卖最多的还是一些旅游纪念品，一个姑娘甚至把明信片摆在了小径中间，向过往的游客热情地推销着。和在世界各地所遭遇的情况差不多，姑娘一见我就用日语热情地打着招呼，搞得我心里直郁闷。一个劲地在想，怎么这世界上做自助旅行的亚裔还是日本人多呢？我堂堂中华大国，为什么敢于走出国门、周游世界的人如此之少呢？难道真的是因为金钱？可能还是缺少一点点勇气。

东西方 文化 的共通

这可是邮筒哟！

EESTI POST

矗立

在图姆皮山丘上的亚历山大涅夫斯基大教堂可是上城区的一大景点。这座塔林地区最大、也是最宏伟的穹顶式教堂是在 19 世纪末，俄国沙皇亚历山大三世和尼古拉二世时所建，也是 19 世纪下半叶整个波罗的海地区面临俄罗斯化所留下的最显著的证据，最多时可容纳 1500 名信徒同时礼拜。大教堂的钟塔由 11 座钟组成，其中最大的一座重约 16 吨，算是塔林地区的钟王了。每当响起浑厚的钟声，东正教徒们就会鱼贯而进，守着暖暖的烛光祈祷。此时，教堂内就会响起深沉悠扬的歌声，传遍整个区域。

在大教堂对面有一个邮局，里面有各种纪念邮票出售，可以选择几张作为纪念。在这附近，还有以前的图姆皮城堡，即今天的国会大厦，每天早晨，爱沙尼亚的国旗都会高高地飘扬在 48 米的城堡上。其旁边不远是圆顶教堂，这座路德派教堂从中世纪至今依然在使用，主体结构大约建于 15 世纪至 18 世纪之间，其上的巴洛克式尖塔是 1779 年加上去的，里面珍藏了上百个波罗的海德国贵族的徽章，同时 13 到 18 世纪的许多贵族和名人都埋葬在这里，其中包括了瑞典国王约翰三世的公主等。在参观这些古建筑的同时，我发现这里很多街道的名称和我在《299》里所写的越南河内的街道名称有些类似，都是用一些行业名称来命名的，比如说鞋街、金饰街、药材街等等，看来东西方之间在有些文化上还是共通的。

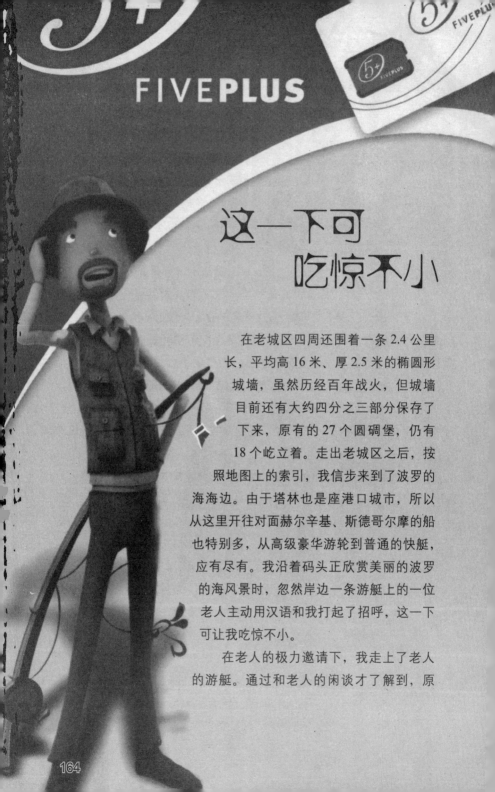

这一下可吃惊不小

在老城区四周还围着一条 2.4 公里长，平均高 16 米、厚 2.5 米的椭圆形城墙，虽然历经百年战火，但城墙目前还有大约四分之三部分保存了下来，原有的 27 个圆碉堡，仍有 18 个屹立着。走出老城区之后，按照地图上的索引，我信步来到了波罗的海海边。由于塔林也是座港口城市，所以从这里开往对面赫尔辛基、斯德哥尔摩的船也特别多，从高级豪华游轮到普通的快艇，应有尽有。我沿着码头正欣赏美丽的波罗的海风景时，忽然岸边一条游艇上的一位老人主动用汉语和我打起了招呼，这一下可让我吃惊不小。

在老人的极力邀请下，我走上了老人的游艇。通过和老人的闲谈才了解到，原来老人在很小的时候和其父亲来过中国，并在中国生活过一段时间。尽管后来由于历史的原因，他随其父亲离开了中国，但是这些并没有改变他对中国的感情。说着说着老人还拿出了几本介绍中国方面的书，这一下可着实让我更是大吃一惊。最后告别的时候，老人说现在随着北京奥运会的临近，当地媒体对于中国的报道也越来越多，希望在不远的将来能看见越来越多的中国人来这里旅行。

　　已经走出很远了，当我回头的时候，老人还站在艇前默默地看着我们。此时，金色的晚霞、蓝色的大海、白色的海鸥与老人组成了一幅绚丽的图画……

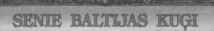

第六章

拉脱维亚

波罗的海跳动的心脏

早上

请酒店的前台小姐打电话叫

了部出租车去大巴站（50EKK），5分

钟还没到，我们都已经站在车下了。这里多

说一句，塔林打车和英国一样，要打电话到出租车

公司叫车，这一点与我们国内有所不同。在

车下放好行李之后，司机用笔把

我们打印好的车票一划，就算验

过车票了。车开时候，我注意到隔

壁的大巴也恰巧启动，不过它的目

的地是圣彼得堡，和我们相差不多

的时间抵达，看来塔林不愧为"欧

洲的十字路口"。

　　4个多小时之后，被称之为"波

罗的海心脏"的拉脱维亚首都

里加将会出现在

INTERNATIONAL MUSIC FESTIVAL

RĪGAS RITMI

1.– 6.07.2008.

RIGA CONGRESS CENTRE · TELE2 STAGE · SONY JAZZ NIGHT
UNNY TERRACE · LATVIAN RADIO STUDIOS · YAMAHA STAGE

我的面前。作为波罗的海三国最大国家的拉脱维亚同爱沙尼亚、俄罗斯、白俄罗斯和立陶宛等国接壤，正好夹在其他两个波罗的海国家之间，在民族、语言方面和立陶宛一样，都是公元 2000 年前印欧民族来到波罗的海之后仅存的两支部落。由于历史上其命运和它的两个邻居相似，所以也是一个多民族国家，其中拉脱维亚人大约占了 60%，俄罗斯人大约占了 30%。1991 年 8 月 22 日从前苏联独立出来之后，在经济上发展迅速，仅次于爱沙尼亚，国内生产总值人均增长率 12.6%，远高于老牌的欧盟其他国家，国民识字率高达 99%，整个国家几乎一个文盲没有，更是位居世界前列。

RIGA GUIDE
visitor's

ILLUSTRATED GUIDE • STADTFÜHRER • ИЛЛЮСТРИРОВАННЫЙ ГИД

INCLUDES RIGA & JURMALA CITY MAPS

北方的巴黎

Sergejs Zinovjevs. 2007

170

Sightseeing Tours of Riga – every day from the Opera House

豪华的大巴车行驶在一马平川的东欧大平原上，车窗外森林、湖泊、自然保护区等景色一一映入眼帘，美丽的波罗的海海岸风光更是让我陶醉，拉脱维亚具有如此丰富的旅游资源，不得不让我惊叹这里的确是一块隐藏在欧洲的"绿色宝玉"。而其具有900年历史的首都里加，由于处于欧洲西部和东部、俄罗斯和斯堪的纳维亚半岛的交叉点上，更是一个充满活力的沿海大都市和世界著名的港口，童话般的城堡和中世纪时期的古城向人们展示着它古老和丰富的历史和文化。这一点当车进入里加市区的时候，我就已经感觉到了，比起其他两座波罗的海国家的首都这里更有西欧的味道，浪漫奢华的夜总会、时尚温馨的酒吧与古老的艺术建筑、丰富多彩的文化交织在城市的每一个角落，不愧是一座世界文化遗产之城。

和大多数东欧国家的城市一样，这座和我国苏州结为友好城市的古城也分为老城和新城。美丽的道加瓦河、列鲁巴河、城市运河穿城而过，虽不甚清澈，但却幽静地带着艳丽的色彩。被里加人誉为"花城"的新城则坐落在城市运河河湾处，这里的街道宽敞整齐，纪念像和雕刻随处可见，所有的建筑都具有浓厚的现代气息。以历史悠久著称的米耶斯都拉公园和里加面积最大的文化休息公园以及大量陈旧的"赫鲁晓夫式"住宅，都坐落在这个区域。虽然是现代化的区域，但是这里并没有上海的高楼林立，也没有香港的霓虹灯狂闪，游走在这个区域同样会使人忘记时间，让人在历史和文化的交汇中从容地享受着生活的悠闲和宁静。

具有中古时代城市特征的老城则坐落在道加瓦河的右岸，老城面积很小，遍布着多元化的咖啡馆和餐吧，城市的商业娱乐活动极其繁荣。许多著名的建筑例如以其内部庞大的管风琴闻名于世的多姆教堂，里加最高的教堂圣彼得大教堂等都坐落在这个区域，青石铺成的小路狭窄曲折，一片片镶嵌着红瓦的屋顶，将所有的建筑和谐地融为一体，充满了浓厚的中世纪味道，整座老城也浓缩了拉脱维亚的历史和文化。难怪上世纪30年代，游览里加的英国作家格雷厄姆·格林写下了"里加，北方的巴黎"这句著名的评语，自此"北方的巴黎"便成了里加的别名。

里加火车站

172

他们**抢**走了一切

　　仔细查看地图和阅读相关信息之后，我的里加之旅就确定了先从面对着道瓦加河、阿克曼桥的拉脱维亚步兵广场开始，这座过去是里加中央市场的广场上最显著的标志就是一尊高大的暗红色花岗岩步兵雕像，它是为了纪念前苏联军队中一支作战非常勇敢的拉脱维亚步兵团而建的。看到这尊雕像时至今日依然被摆放在这里，我感觉非常惊讶，因为前苏联的加盟共和国目前几乎都在去苏联化，禁止在公开场合、群众游行、集会和请愿时打出前苏联国旗、出现前苏联国歌，并将前苏联标志与纳粹德国的标志同等对待。去年爱沙尼亚政府下令拆除位于塔林市中心的"苏联红军解放塔林　纪念碑"时，围绕这个事件，爱、俄两国还差一点儿闹成外　　　　　　交风波，甚至有俄国会议员一度主张断交和对爱进　　　　　　行经济制裁等报复措施。而这座青铜战　　　　　　士像是纪念二

PULKVEDIM
OSKARAM KALPAKAM
LATVIJAS ARMIJAS PIRMAJAM KOMANDIERIM

战期间死
百万苏联
念碑神圣不

在纳粹德军手上的数
红军而建，在俄罗斯人眼中这座纪
可侵犯，但不少爱沙尼亚人却视之为苏联占领爱
沙尼亚长达半世纪的屈辱象征，必欲去之而后快。在这个雕像的旁边，
一座墨绿色的方形建筑就是"拉脱维亚被占时期博物馆"，博物馆里陈
列的是1940——1991年间，德国纳粹和前苏联统治时期拉脱维亚的相
关照片和历史文件，在一块无名牌上写着："他们抢走了一切——我们
的国土，我们的尊严和我们的名字，他   们因为我们是人而惩罚
我们。"

几百年的历史在这里也许只是一个符号

从博物馆出来走不多远就是老城最中心的地方——市政厅广场了。这里及其周边建筑，和欧洲许多国家的城市一样，是城市中最重要的地方，很多集会、庆祝活动等都会在这里举行。由于二战的原因，市政厅广场周边的所有建筑都被摧毁，唯有作为正义和自由象征的"罗兰雕像"安然无恙。战后过去将近50年，直到1991年拉脱维亚独立之后，才根据过去相关的一些图片、资料对包括"市政厅"和"黑人头之屋"在内的这些周边建筑一一进行了重建，在庆祝里加建城800周年的2001年，所有人终于见到了这些修建好的古老建筑。在市政厅广场上，最吸引人眼球的可能就是

市政厅对面的"黑人头"之屋了。和塔林一样，这里也有"黑人头"信仰，由一群海外单身商人所组成的同业商会信奉黑人守护神圣摩里西斯，行会的所在地便被人称之为"黑人头之屋"。最早的建筑始于1344年，后来在16、17世纪的时候，又在原有建筑的基础之上增加了一些金属装饰和天文钟，山墙上四座象征着水神尼普顿、商业神墨丘利的雕像以及汉萨同盟的标志是在19世纪末的时候增加的。这些建筑虽然全部在二战中被毁，但是1992年的重建应该说还是基本恢复了历史原貌，站在这里还是能够从中感受到拉脱维亚人民对自己文化的热爱。至于说象征着市民自信和骄傲的市政厅，今天见到的这座是2002年重修的，1334年最早修建的在二战中早已经荡然无存了。

行走在里加老城狭窄的小巷之中，两旁一栋栋瑰丽精美、古色古香的建筑，仿佛使我回到了前几天呆过的布拉格，时光如梭，让我不禁感叹几百年的历史在这里也许只是一个符号。抬眼望去，老城天际线上最令人印象深刻的建筑物，已经出现在了我的眼前。这座最早于1209年出现在文献中的巴洛克式建筑圣彼得教堂，从1491年起，其高高在上123.3米的塔尖和塔尖上金光闪闪的"风信鸡"就一直是建设这座教堂的重心，期间要么是"鸡"掉了下来，要么是塔掉了下来，甚至还发生了压死人的事情。现在出现在我眼前的这座教堂，是1973年从二战的废墟中重新修建起来的，这次重建使用了安全系数极高的钢铁架构，才算彻底解决了这个难题。和里加所有的古老建筑一样，这座教堂塔尖上的"风信鸡"最早出现在中世纪，那时这里的居民非常依赖风向，所以就把据传是避邪之物的"风信鸡"两侧分别涂上了金色和黑色，放在屋顶以此来辨别风向。随着科技的发展，今天"风信鸡"这种实用功能人们已经不再使用了，但是作为里加城市特有的标志，却依然被挂在城市的每一个角落。这座教堂上的"风信鸡"重达 158 公斤，其包覆在外的金箔有 330 克。

老城不大，继续转几分钟就会走到里加最大的广场——多姆广场，其旁边的 Doma 大教堂高 90 米，巍峨挺立，富丽堂皇，是整个波罗的海地区最大的教堂，也是世界第四大教堂。由于历史上多次重建，所以大教堂建筑的本身也融合了罗马的哥特式、文艺复兴时期巴罗克式和古典建筑艺术等多种建筑风格。在 1211 年以后，这里一直都扮演着主教座堂的角色，现在教堂顶端的塔尖是 1776 年安放上去的，在每年 6 月拉脱维亚歌舞节期间，这里更是成为鲜花的世界，歌舞的海洋。除此之外，这座教堂内还有一架拥有 124 个音区、26 个风箱、6718 根从 8 毫米到 10 米长度不等的琴管组成的管风琴。这架曾经世界上最大的管风琴，直至今天其规模依然在全球排名第四。它音色优美，音域宽广，乐声悠扬洪亮，极富感染力，至今仍能演奏。这也使得全球著名的风琴家都竞相到这里举办音乐会，以便能在这件 1880 年由德国南部赫赫有名的维尔克家族建造的拉脱维亚国宝上一展身手，所以这里的音乐会演出常年不断，匈牙利作曲家李斯特为此还专门写了一曲合唱曲《诗颂上帝》。可能是由于这架宝贝的带动吧，里加城内几乎每天都有大大小小的音乐会演出。

尽情享受着 生活带来的乐趣

和另外两个波罗的海国家的首都一样，行走在这座古老的街上，触目可见渗透着俄罗斯风情或者德国文化的中古建筑，在碧树红瓦中的古建筑群里穿行的确让我流连忘返，以至于错过了吃饭。在穿越了著名的爱情之门——"瑞典之门"之后，我走进了一家古香古色的拉脱维亚餐厅。这是一家新开的餐厅，主要出售拉脱维亚当地食物和啤酒，与众不同的是这里所有的服务女孩都穿着拉脱维亚特有的民族服装，衣服上的琥珀饰品以及特有的花纹熠熠生辉，再加上女孩子们甜美可加的笑容，立刻使人有种宾至如归的气氛。在女孩的帮助下，面对天书般的餐单我终于点到了当地特色食物——夹着腊肉和洋葱的馅饼以及牛奶鱼汤，再加当地出产的啤酒，浪漫的环境、优质的服务再加上温馨的氛围，不能不使我的胃口大开。

　　离开餐厅之后，踩着石块铺成的小路，我一路溜溜逛逛，感觉着波罗的海的味道，想象着几百年前这里所发生的一个个故事。两旁除了出售各种时尚商品的商店之外，还有很多"个体户"在马路边出售当地的一些旅游纪念品或者手工艺品，一家出售民族特色偶人的摊位上竟然还有斯大林的画像。老城里的古建筑基本现在都被商家买了下来，变成了各种精致的商店、钱币兑换中心、餐厅、咖啡吧或者夜总会。街道两旁的咖啡吧都很有特色，古香古色又现代时尚的同时，都不忘在店外放上一把美丽的鲜花，带给路人一种愉悦的心情。咖啡吧里三三两两的人或是自己，或是与自己的亲朋好友悠闲地坐着，尽情享受着生活带来的乐趣。

　　眼前的氛围使我有点儿不敢相信这是一个独立才十几年的国家，尽管这里也存在很多社会问题，街上随处可见色情广告，夜总会更是遍地开花，但是望着很多建筑物上造型各异、精美华彩的"风信鸡"，我想原苏联国旗旗面下方加白、蓝色水波纹图案的拉脱维亚国旗真的永远成为了历史的记忆，这里勤劳勇敢的人民正在用自己的双手创造国家的繁荣、安宁与富强。

Go your own way,
let others talk

宏伟壮观的"拉脱维亚自由广场"位于里加新城和老城的交界处，中间坐落着 1935 年由拉脱维亚人民捐款而成的"自由纪念碑"。整座纪念碑共有 13 组雕刻，象征着拉脱维亚的过去、人民的智慧、独立的愿望以及对未来的期望。在纪念碑的顶端矗立着一尊双手高举着三颗镀金星星的自由女神像，上面同时刻着铭文："TEVZEMEI UN BRIVIBAI"，翻译成中文的意思就是"为了祖国和自由"。在前苏联时期，如果有人胆敢向这个纪念碑献花，那他一定是特别想去西伯利亚了，当局不仅会帮助他完成这个心愿，而且还是免费。但是距它旁边不远处矗立着的 LAIMA 大钟则成为一个温馨的地方，是那个时代恋人们约会的地方。

　　正当我站在 LAIMA 大钟前拍照的时候，忽然发现这个地球是如此之小，刚刚在餐厅吃饭时所遇的服务女孩正巧路过这里。脱下了在餐厅里所穿的民族服装，平常的装束更让人感到清新。既然是"老朋友"了，彼此都感觉在这里遇到很惊喜，借着这块宝地，我和女孩聊

起天来。当她知道我还想四处走走时，很自然地当起了我的导游，我们边走边聊。对于这一点儿我有点惊讶，心想这要是换在俺们沈阳，一个漂亮的女孩主动给一个男人义务充当导游，还不知道会有多少人说三道四呢，无怪乎意大利文学家但丁先生说"走自己的路，让别人去说好了"。从和她聊天中我才知道，原来她是拉脱维亚大学的学生，明年就要毕业了，来餐厅工作也是份兼职，刚刚下班，正在回家的路上。

其实在欧美国家，大学生在完成学业的同时，到社会上打工是件特别正常的事情。当年我在英国留学的时候，在繁忙的学习之余，几乎所有

的同学都会找份兼职工作。电影院检票，邮局送信等很多工作我都做过，但就是特别遗憾，没有刷过盘子，回想起在英国期间的学习生活，的确很多事情都让我终生难忘。看到眼前的女孩，我不由得想起我那时的 Roommate，一位年仅 18 岁的苏格兰美女。与大多数英国人不同，当大多数英国人每天都泡在酒吧里时，她则每晚独自开车去一家餐厅工作，用打工赚来的钱供自己旅行、上学。每当凌晨时分她下班回来，若在客厅碰见她，我们都会聊几句，从她身上我也吸取了不少有益的元素，让我改变了之前对英国人的一些看法。凭着她的执着和勤奋，我想她做什么事情都有可能成功，只是可惜这次回英国时没有见到她，只能在这里将问候遥寄给她了。

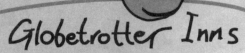

Globetrotter Inns
a gloBEtroTTER place to stay

只有勇敢地走出去，才会发现这个世界的美丽

话题从我之前的 Roommate 转回来，在我身旁这位拉脱维亚女孩的带领下，我对里加这座城市有了更进一步的了解，尤其是 ELIZABETES 和 ALBERTA 这两条大街上的很多艺术性装饰，如果她不娓娓道来，我自己根本就不知道，在她的带领下我完成了一次唯美的里加建筑艺术之旅。在欣赏拉脱维亚这些璀璨的历史文化的同时，我同样也对诸如她毕业之后是否很快能找到工作，这里的工资水平如何等问题充满了好奇，希望也能从她这里得到答案。只要学习成绩优良，一般大学毕业生找份工作，还是不难，关键是什么样的工作，她笑着回答说，比如说

她自己就很想去金融部门工作，由于她父亲是大学金融学方面的教授，所以在这座城市拥有不少人脉，她并不为未来的工作发愁，只是她不想在这里工作，这座城市太小了，她渴望能到世界上其他国家去工作。接着她的话我反问她一句，有什么偏好吗？比如香港、纽约之类，她想了一下，调皮地回答我说哪里都行，哪里对她来说都充满了新鲜。为此目前她还在努力学习英语，她说这是她前往世界工作的必备钥匙，要想找到一份好工作，英语不好可不行。

一路走来一路聊天，随着聊天的深入，我们的话题也越来越多，当华灯初放已经很久了的时候，我们才不得不停止了聊天，互留了通讯地址依依惜别。送别女孩，在返回酒店的路上，我想起了在全国高校做公益演讲的时候，很多读者朋友问起我旅行和旅游的区别，我想这两者还是有很大区别的，旅行看的更多的是人，而旅游更多看的是景。在旅行的过程中，和当地人聊天沟通，也是旅行和旅游的区别之一。

我一直认为在年轻的时候，人就应该到世界上去走一走，看一看，不一定出门就一定要有人伺候，要住5星级豪华酒店。记得老祖宗留下一句话叫做"百闻不如一见"，由于受各种因素的影响，大多数普通人不可能请出长假带着工资环游世界。在有限的时间和空间内，哪怕是蜻蜓点水，哪怕是走马观花，毕竟对自己来说也是一种人生体验，人生财富！只有勇敢地走出去，勇敢地去尝试时，才会发现这个世界的美丽！

185

一幅靓丽的风景！

里加有轨电车买票和东欧其他国家一样，上车之前在车下的卖报亭、杂货店之类的地方买好，票价 0.4 拉脱维亚拉特（约合人民币 6 元钱），可别小看这 0.4 拉特，拉脱维亚的货币可是世界上最昂贵的货币之一，比英镑还要值钱呢。当然上车之后一定要去车内的驗票机打票，否则被逮到之后可就惨了，不仅要面临高额罚款，而且还要丢面子。由于里加很小，主要景点全部走路可以到达，如果不是针对特定目标浏览的话，一下午的时间就足够了，所以不推荐购买"里加卡"。

第二天上午的时候，我漫无目的地跳上了这里的有轨电车，就是想感受一下这座城市的氛围。车内当地人的生活状态，车外当地普通居民的建筑和市政设施，全在有轨电车上的我都看在了眼里。此时我需要做的就是静静的观察着这里的一切，也许窗外的风景没有旅游区那样美丽，但是对于我

来说，这里同样是别样的风情。电车经过的区域可能是之前里加工厂住宅区的缘故，始终给我一种灰蒙蒙的感觉，色彩明显不如老城那样艳丽。10 层楼左右的居民住宅区一栋连着一栋，从颜色到式样全是"赫鲁晓夫式"的模子盖出来的，整齐划一，单调得要死。如果不出现外文的话，和我们国内有些城市的建筑几乎没有任何区别。唯一的区别就是这里虽然

CONTACT: +371 29596016
186 **WWW.CHERADO.COM**

的有轨电车不仅全都保留着，并没有像大连那样早早就给拆除了，而且还都在营运，并承担着城市公交运输的绝大部分运力，不仅没有影响城市形象，反而成为一幅靓丽的风景！

建筑陈旧，现代化的建筑少之又少，但是环境非常整洁，楼与楼之间不仅全部是大片的绿地，而且还有很多音乐会的广告牌立在其中，给人一种艺术的气息。至于国内有些地方常见的成群苍蝇或者污水横流的景象在这里我可从未见过。不过，我也发现这里和国内还有一个重要区别就是，包括里加在内这次前往的 10 个东欧国家

俺非买它两斤当晚餐不可

188

MARSEILLE, F

距离下午去机场的时间还有一些，下了电车之后，我转身走进了里加火车站旁边的农贸市场。一进市场就让人感到兴奋，五颜六色的水果、琳琅满目的蔬菜、美丽无比的鲜花到处都呈现出亮丽的颜色。里面有很多摊位，按照种类划分出了相应的区域，比如说鲜花区、水果区、蔬菜区等等。有意思的是这里把西红柿和黄瓜算成水果，与西瓜、香蕉、李子等水果放在一起。新鲜蔬菜的种类也非常多，从辣椒、豆角到茄子、土豆和各种生菜，应有尽有。我仔细看了一下价格：香蕉 0.85 拉特 / 公斤，西红柿和黄瓜 0.70 拉特 / 公斤，新鲜无比的樱桃、杏和李子价格分别为 2.50、1.80 和 1.10 拉特 / 公斤，按照当地居民平均 200、300 拉特的平均工资来说，这些价格可并不算便宜。最后当我走到海鲜区的时候，才感觉到这座城市不愧是波罗的海沿岸城市，鱼的种类不仅特别多，而且价格也让人高兴不少，新鲜的三文鱼仅仅 6.50 拉特 / 公斤，这个价格自然比北京便宜多了，要不是一会儿就要前往机场登机，非买它两斤不可。

欢迎过几年
的时候，

再来看看

水果区旁边就是鲜花区，摊位上的鲜花五颜六色，让人不得不惊叹它们的美丽。鲜花区一圈走过之后，那些婀娜多姿的鲜花成为了配角，站在过道上的几位阿姨此时在我这里却成为了主角。看的出来她们的年龄都很大了，岁月的痕迹已经写满了她们的额头，与那些拥有固定摊位的商贩们相比，她们的装备和商品让人感到很寒酸。只有数量很少的几把鲜花，品种少了，自然顾客也不如摊位前面的多。在阳光的照耀下，她们每个人都选择了默默地等待，刚毅的面孔书写着对生活的乐观。

在另外的一个区域，一位身穿破旧西装但非常坚毅的老人吸引了我，也许是没有更多资金的缘故，他面前的商品与其邻居相比简直是寥寥可数，可怜得让人心酸。尽管里加中午的阳光很强，好长时间都没有一位顾客光临，但是他还是

HOTEL
RĪGA
★★★★

TOUR RĪGA
TRAVEL AGENCY

Beer Factory

非常执着地站在那里，好似一名不拿枪的卫兵，让人敬佩。我走过来轻轻地和老人打了招呼，通过旁边摊主的翻译（遗憾的是老人不懂英语），我才了解了老

人更多。与其他东欧转型国家一样，拉脱维亚独立后在开始的几年里经济相当困难，GDP 急剧下降，价格管制解除后导致恶性通货膨胀，失业率持续上升，很多人都找不到工作，这样的状况一直持续到 2000 年的时候才稍微有所好转，但目前物价指数也是一直居高不下。老人就是在那个时候从工作了一辈子的工厂"下岗"的，现在这里的物价水平比之从前，不知高出了多少倍。由于没有一技之长，物价飞涨，类似老人这种情况的很多老人手里仅有的一点点退休金根本就维持不了

生活，没有办法，只好出来赚一点点小钱，贴补一下家用，勉强度日为生。

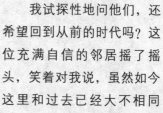

我试探性地问他们，还希望回到从前的时代吗？这位充满自信的邻居摇了摇头，笑着对我说，虽然如今这里和过去已经大不相同了，很多新生事物连他自己都感觉到惊讶，但毕竟现在商品极大地丰富了，生活也在逐步好转，相信随着经济的发展，慢慢都会好起来的，一切都会好起来的。看时间已近中午，差不多吃完饭就要赶往机场了，我不得不中断了我们的谈话，"小伙子，欢迎过几年的时候，再来看看"，这位邻居最后对我说。

离开这里的时候，我的心情忽然变得沉重起来，看来旅行并非是简单地到一个景点照相走人，更重要的是要感悟社会中的很多东西。

里加机场距离市中心大约有8公里远，虽然没有地铁之类，但22路巴士平均每30分钟就有一班（5:45-23:40），

两张机票，
1瑞典克朗

Going Out **From Stockholm - Bratislava**

Previous Day

○ Regular Fare　　Adult　　**1.00 SEK** **Fri** , 25 Jul 08　　14:10 Depart
16:10 Arrive

半个小时之后就能抵达机场，还是很方便的。这座机场是整个波罗的海三国中规模最大的，和我们国内中型城市的机场规模差不多，在候机大厅内，还设有免税商品店，当然商店的种类远远不能和罗马、巴黎机场相比。

今天我将要飞往的目的地不是东欧国家的城市，而是北欧瑞典的首都——斯德哥尔摩。我这次的主要行程是去往东欧国家，为什么要飞往北欧呢？这是因为我在设计这条"新东欧"线路的时候，进行了多条航线的对比。我发现如果今天（24号）从里加直接飞到斯洛伐克、克罗地亚、匈牙利或者斯洛文尼亚最便宜的机票也要3000元人民币，这个价格对于我来说肯定是不能接受的，但是也不能考虑火车或者汽车，因为毕竟路途遥远，要穿越好几个国家。我在《3000美金》里说过，旅行不是苦行，从这里真要是坐火车到斯洛伐克，先不说火车票的费用，人坐到地方之后也是很辛苦的，恢复就要好几天的时间，"性价比"不高，所以对于我来说还是要考虑飞机。

按照寻找便宜机票的方法（详情见《3000美金》），直飞不行的情况下那就只能试试转机如何了。但是通过哪里转机，既节约时间还少花钱，这的确是个值得考虑的问题。不仅机票要低廉，而且时间也要正好合适，保证整个行程的流畅，因为不可能为等一张廉价机票在一个地方呆很久，时间成本和机会成本也一定要考虑的。联想到里加曾经是前苏联的三大城市之一，城市里面约30%是俄罗斯族人，应该飞俄罗斯的航班不少，再加上将要前往的几个国家以前都和俄罗斯关系密切，所以首先试了试俄罗斯的几个城市。结果发现航班确是不少，但票价是一点儿也不便宜，看来这俄罗

193

斯航空离市场经济还真差不少，既然如此我也只好回头找找市场经济发展好的地方了。

市场经济发展好的地方欧洲可不少，但不可能把所有的地方都尝试一遍，只能先选关系密切的。提到关系密切，我一琢磨那肯定非瑞典莫属，历史上里加还曾经是瑞典的第一大城市，当时的繁华和规模比其现在的首都斯德哥尔摩还要热闹，再加上现在有很多瑞典人到这里来度假，我猜这条航线肯定是热线。果不其然，判断正确，24 号当天从里加飞往斯德哥尔摩的机票——特价 0 欧元！再一看起飞时间，正好吃完午饭去机场，绝非是什么"红眼航班"。但是仅这一班机票便宜也不行，还要看下一班，毕竟我的目的地不是北欧。又经过一番对比、寻找，第二天（25 号）下午从斯德哥尔摩飞往斯洛伐克首都布拉迪斯拉发的一个航班被我找出来了。

我一看这两张机票加在一起简直是绝配，不仅在时间的衔接上是天衣无缝，而且机票的价格仅仅 1 瑞典克朗（约合人民币 1.10 元），这真让我开心。虽然还要额外支付机场税、燃油附加费等相关费用，甚至在每次登机的时候还要另外再支付 20 欧元的行李托运费，但是总的价格依然让我开心，比坐几十个小时的火车或者大巴的"性价比"好多了，即便把机票所有的费用加在一起，还是要比火车票或者大巴票便宜。更何况不仅节约了时间和体力，而且在六年之后，我又一次踏上这座世界著名的设计之都，虽然这次是顺便。

如果不飞，机票只能作废

这里需要说明的是本次行程的所有机票都是我在出发之前全部预定好了的，这样价格的机票是不可能当天在机场或者提前几天时间买到的，否则航空公司老板跳几回楼都不够。当然这也符合经济学的规律，我付出了时间成本（提前预定）和信息成本（搜索机票），自然得到了非常低廉的价格成本。如果不想付出时间成本和信息成本，直接到当地购买，那就需要付出高昂的价格成本，很多事情其实都是公平的。还有，对于这样的廉价机票航空公司有很多规定，诸如不能退票、不能改签、不能更名等等，这和我们在国内买到的 2 折、3 折机票有很多限制条件的道理是一样的。无论何种情况，如果最终由于自己的原因不飞的话，那机票只能作废。当然如果想买任意改签的机票，那就购买全价票好了，前提是不怕价格高。

BALLONGFÄRD

STADSHUSET ~ STOC

STOCK

GLOBEN

VASA

SKANSEN

KUNGEN

第七章　瑞典

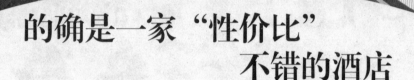

的确是一家"性价比"
不错的酒店

　　正如我在《3000美金》一书中所描绘的，瑞典本身就是一个旅游资源非常丰富的国家，也是一个非常适合自助旅行的国家。这里既有北极圈内拉普兰地区的荒原，也有斯堪那地区富饶的平原和众多秀美的湖泊。清新的空气，洁净的水源和大片未受污染的自然景观，使来到这里的人们完全放松心情，心旷神怡，返璞归真，尽情享受大自然的慷慨馈赠。虽然远离欧洲大陆的文化中心，地处宁静清新的北欧，但是瑞典　　　　　　　　　　　　　　　　　　　文化的

Arnö

丰富性和多元化却依然让人叹为观止。绘画、建筑艺术、电影、戏剧、音乐、华丽夸张的现代工业设计和简约干净的传统民间艺术，都显示出了瑞典的艺术灵感和新颖、简洁、淳朴、时尚、现代的艺术风格。"3000美金"周游世界的时候，当我第一次踏上这块位居全球最宜居住城市之首的土地，就被这里的一切所深深吸引，虽然在人口上瑞典是一个小国，但是在对世界科技的贡献上，这里绝对是一个大国，闻名世界的阿尔弗雷德·贝恩哈德·诺贝尔 (Alfred Bernhard Nobel)1833 年 10 月 21 日就出生在这里。

始建于公元 13 世纪中叶，位于波罗的海海湾和梅拉伦湖之间的瑞典首都斯德哥尔摩，气候温和，环境优美，不仅被人们誉为是世界上最美丽的城市之一，而且与伦敦、纽约等城市一样，近年来也被人们称之为最有创意的城市之一。这座素有"北方 威尼斯"之美誉的水城，由 14 个大大小小的岛屿和一个半岛 组 成，70 余座大小桥梁把它们联为一体。最早的得名是因为当

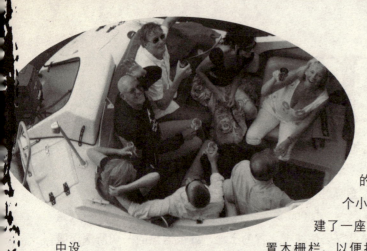

地居民常常遭到海盗侵扰，于是人们便在梅拉伦湖的入海处的一个小岛上用巨木修建了一座城堡，并在水中设置木栅栏，以便抵御海盗。当地人将这些巨木称为"Stock"，小岛则为"holm"，于是久而久之斯德哥尔摩（Stockholm）的名称就由此而来，意为"木头岛"。在1436年这里被定为都城后，得到了快速发展，今天已经成为了斯堪的纳维亚半岛上的最大的城市，面积达6494平方公里。由于在基础设施方面的良好条件和无线通讯研究领域的领先优势，这里还被誉为"欧洲IT之都"，微软、IBM、诺基亚、惠普以及爱立信等众多信息与通讯领域的高科技公司都在此设立了研发中心。同时这里也是爱立信、沃尔沃、宜家家居等闻名全球的大公司总部所在地。

　　一下飞机就感受到了这里充满着与东欧截然不同的北欧风情，不仅安静了很多，各种硬件设施的现代化也马上看出了东欧与这里的差距。从机场推着行李车一走出机场大门，就看见了预定好的酒店。这

倒不错，不用再转乘其他交通工具了，直接连车带行李走2分钟的路就推进了酒店大厅。酒店时尚简约，门口并没有常见的门童之类，整个酒店就前台坐着两个女孩，除此之外，再没看到其他服务人员。这里所有的一切包括家具、地板等都很明亮和整洁，充满着宜家的味道，使我一下子就感受到了典型的北欧氛围。乘坐的电梯都是透明玻璃的，

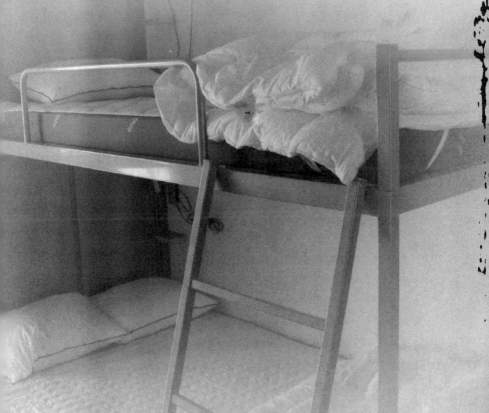

房间的设施也让我眼睛一亮，上下床的摆放不仅合理利用了空间，而且下铺还延伸出来一块，更可见设计师的细心。配备的床单、被套等相关设施，虽不豪华，但用起来感觉舒服、温馨，495瑞典克朗的价格相对其品质来说，的确是一家"性价比"不错的酒店。

想收也没有人交

对于冰岛、瑞典在内的北欧 5 国，我一直很想再找机会重新周游一圈，斯堪的纳维亚半岛美丽的风光、欧洲大陆最北点（位于挪威的北角）壮丽的 24 小时太阳，芬兰宁静纯洁的湖泊、冰岛天然的自然景观等都给我留下了难以忘怀的印记，希望这个愿望在明年夏天的时候能够实现。可惜由于本次行程的主要目的是东欧，来到这里已属惊喜了，所以抵达之后，只想好好休息。可惜这里的一切太有诱惑了，这座斯堪的纳维亚半岛的美城深深地打动着我，虽然人在房间，但是心却没有安静下来，既然如此，索性还是去感受一下吧。

也许是受自然环境的制约形成的嗜好，北欧人贪恋阳光，一出门就看到机场门前不大的草地上趴着好几个俊男美女，尽情地在阳光下暴晒着自己。门口就是前往市中心中央火车站的机场大巴站（Flygbussarna），我现在出门可方便，除了相机之外没有任何行李，感觉真实轻松。既然要出门，那还是先换些瑞典克朗吧，谁让

Illustration: Erik Nasibov

这里不收欧元呢，兑换之后竟还被这里的兑换点收了20克朗的手续费，晕。尽管大巴车票价格不菲，往返249瑞典克朗，但是想想这可是在全世界物价排在前面的北欧啊，心里也就释然了。一路上我目不转睛地注视着车窗外的动人景色，在阳光的照耀下，一片片绿色的草地上点缀着到处盛开的黄色野菊花，一栋栋别具一格的小房子散落其间，跨越现代和过去的立交桥纵横交错在北欧这片平坦的土地上形成了一幅浪漫的风景画卷。脑海中不时浮现出尼尔斯骑鹅旅行的神话以及诺贝尔奖典礼的场面，这座最接近世外桃源的城市真令人神往。这里的很多待遇比英国还好，退休有所养，失业有救济，就是身体零件出现了问题，国家也会帮助免费更换和检查。所有人在16岁之前，不仅能享受国家的特别津贴，而且读到大学毕业的学费也不用个人出一分钱，国内媒体经常报道的教育乱收费现象在这里根本就不存在，因为所有的一切都是免费，想收也没有人交。

Förköpskupong

Helt pris
15 kr

1408
026

98904

Stockholm
Capital

一抹如烟如梦的感觉

这座古老又年轻、典雅又繁华的城市，自 1809 年以来，由于在二次世界大战中都保持中立，在将近 200 年的时间里都没有卷入战争，所以这座城市中具有 700 多年历史的老城区至今依然保持着古香古色的建筑，是所有来斯德哥尔摩的人必去的地方。金碧辉煌的宫殿、高耸入云的教堂和采用石头铺筑的狭窄小巷，都显示出中世纪的原汁原味。这里随便一栋建筑就可能是博物馆，斯德哥尔摩的 50 多座博物馆中，很多都坐落在这里。瑞典王宫、皇家歌剧院、皇家话剧院、议会大厦以及斯德哥尔摩市政厅等这些著名的景点也都聚集在这一区域，皇家芭蕾舞团的精彩演出，也时不时在这里可以欣赏到。而与之对应的现代化的新区则是绿草如茵，环境幽雅，苍翠的树木与波光粼粼的

湖面交相映衬。无论新城老城，城中的每一个角落都广植草坪，遍栽花卉，空气的清新度比北京奥运期间还要好，整个城市就像是一座大花园，给人带来一抹如烟如梦的感觉。

　　市区一如 6 年前的美丽，只是感觉多了些时尚现代的建筑。从中央火车站走过去几分钟，就是著名的市政厅了。这座由瑞典民族浪漫运动启蒙大师 Regnar Ostberg 全力打造的斯德哥尔摩地标是一座方形的红砖建筑，中间是一个露天小广场，东边建筑上有四座神态各异的雕像，都是航海的保护神，每个雕像都注视着自己保护的领域。东南角高达 105 米的塔尖上的三个金色镀金皇冠，是瑞典王国的象征，也象征当年组成卡尔马联盟的三个成员国—丹麦、瑞典和挪威。　　　　诺贝尔得奖者举行晚宴的蓝厅和诺贝尔舞会的举行场地金厅，是每一位来这里的人都向往去的地方。站在这里，隔湖与骑士岛相望，整个沿岸的景色一览无余，湖面波光潋滟，风帆点点，游艇穿梭往来于市区各岛之间，古今建筑相映成趣，是一个欣赏斯德哥尔摩风景的最好地方。

"世界最长的地下艺术长廊"

对于这里的很多景点，我在上两本书中都做过介绍了，还是把一些美丽的风景留给下次的"北欧之旅"吧，毕竟这次是东欧，呵呵，不能跑题啊。其实来到市内，除了领略这里美丽的北欧风情之外，就是想再次欣赏一下号称"世界最长的地下艺术长廊"——斯德哥尔摩地铁。斯德哥尔摩地铁运营于1950年，有三条主要线路，绿色、红色和蓝色，在中央火车站 T-Centralen 相聚。地铁总长110公里，拥有100个车站，其中地下站47站，地面地上站53站。在这些地铁站内，上百位艺术家用自己的风格和艺术构思装点出一个个不同艺术特色的站台，油画、绘画、石窟、壁画，雕塑等艺术手法，甚至保留着最原始的粗糙面的作法，在这里都可以见到，使人如醉如痴，流连忘返。当然也使涂鸦者无从下手，今天的斯德哥尔摩地铁站几乎见不到涂鸦着的踪影，至于"王二狗到此一游"之类，更是毫无踪迹。

国王花园广场地铁站和中央火车站等连在了一起，这里不仅游人必到，而且也是整个斯德哥尔摩地铁的中心枢纽。在通往售票大厅通道的旁边，首先映入

我眼帘的就是 1957 年瑞典著名的本土艺术家 JORGEN FOGELQUIST 用西班牙瓷砖设计的墙面瓷砖。设计师非常人性化地使用了大面积的橘黄色和明黄色，通过颜色的搭配组合，从视觉上让刚一进入地铁的人们有种愉悦轻松的感觉，其旁边柱子上毫无规则的白色瓷砖，是当时年届 73 岁高龄的设计师于 2000 年时再次回到这里创作的。在旁边的食杂店买好 30 克朗一张的车票，就下到了红线和绿线相交的这一层。这一层里最大的看点并不是墙上花花绿绿的图案，而是站台中间靠近出口处柱子上的一幅拼满了石头和玻璃马赛克的抽象画。这幅画别看藏身在一处很不显眼的地方，可作者大有来头，是瑞典 20 世纪最有声望的女画家 VERA NILSSON 的作品。

　　随着人流再往下走，另外一片蓝白天地立刻呈现在我的眼前。拿着各种工具的工人剪影密密麻麻地出现在没有经过任何装饰的墙面上，造型各异、形状各异，不禁让我想起建造这条地铁的工人们。台阶之下，同样只有蓝白两色，但与上面不同的是，这里的主题换成了巨大的树叶，所有的树叶都指向穹顶中心的六瓣花心，与有着穹顶的岩洞巧妙地结合在了一起。画面简洁明快，但仔细看去，所有的细节很多又不一样，这是芬兰艺术家 Per-Olof Ultvedt 于 1975 年创作的，如今已经成为了这里的经典。

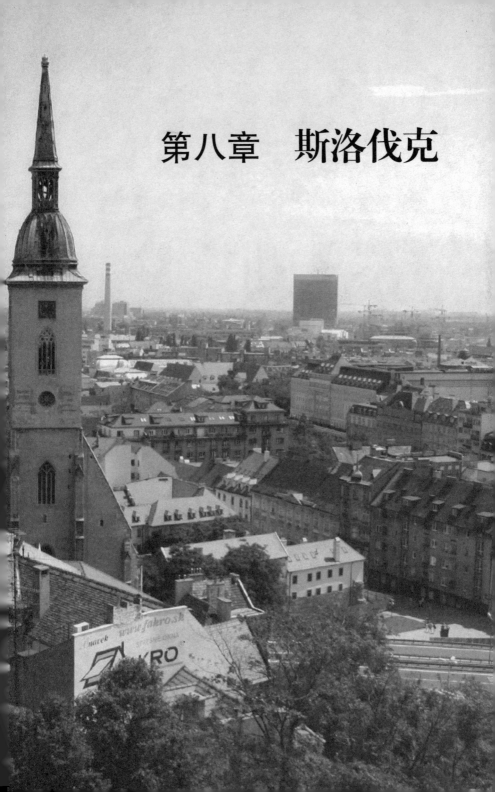

第八章　斯洛伐克

CURFEW NO LOCKOUT NO POLICE HOUR!

A GOOD RECEPTIONIST NEVER SAYS: "NO!"

A GOOD RECEPTIONIST NEVER SAYS: "NO!"

RED
25
8410
TEL: -
BRATISLAVA
WWW. H

210

RE YOUR
HARE YOURSELF WITH FELLOW

THE ONLY IRON CURTAIN IS BETWEEN US AND THE BOREDOM!

从斯洛伐克跑步
到了中国

　　斯洛伐克共和国是一个欧洲中部的年轻内陆国家，北临波兰，东接乌克兰，南接匈牙利，西南与奥地利接壤，西连捷克，有东欧"底特律"之称。最早出现斯洛伐克这个称呼应该是在 15 世纪，16 世纪时这个称呼已经被经常使用。从历史上看斯洛伐克与捷克、波兰一样，都是拉丁天主教文明圈的重要成员，都属于西

哟！！！

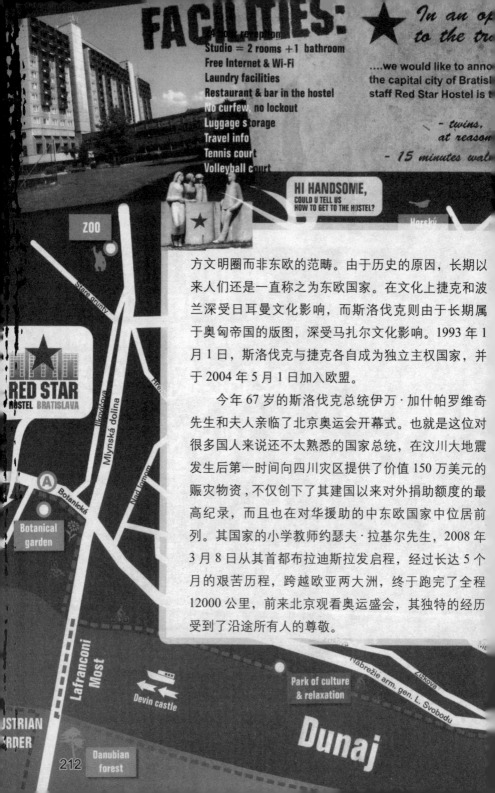

方文明圈而非东欧的范畴。由于历史的原因，长期以来人们还是一直称之为东欧国家。在文化上捷克和波兰深受日耳曼文化影响，而斯洛伐克则由于长期属于奥匈帝国的版图，深受马扎尔文化影响。1993 年 1 月 1 日，斯洛伐克与捷克各自成为独立主权国家，并于 2004 年 5 月 1 日加入欧盟。

今年 67 岁的斯洛伐克总统伊万·加什帕罗维奇先生和夫人亲临了北京奥运会开幕式。也就是这位对很多国人来说还不太熟悉的国家总统，在汶川大地震发生后第一时间向四川灾区提供了价值 150 万美元的赈灾物资，不仅创下了其建国以来对外捐助额度的最高纪录，而且也在对华援助的中东欧国家中位居前列。其国家的小学教师约瑟夫·拉基尔先生，2008 年 3 月 8 日从其首都布拉迪斯拉发启程，经过长达 5 个月的艰苦历程，跨越欧亚两大洲，终于跑完了全程 12000 公里，前来北京观看奥运盛会，其独特的经历受到了沿途所有人的尊敬。

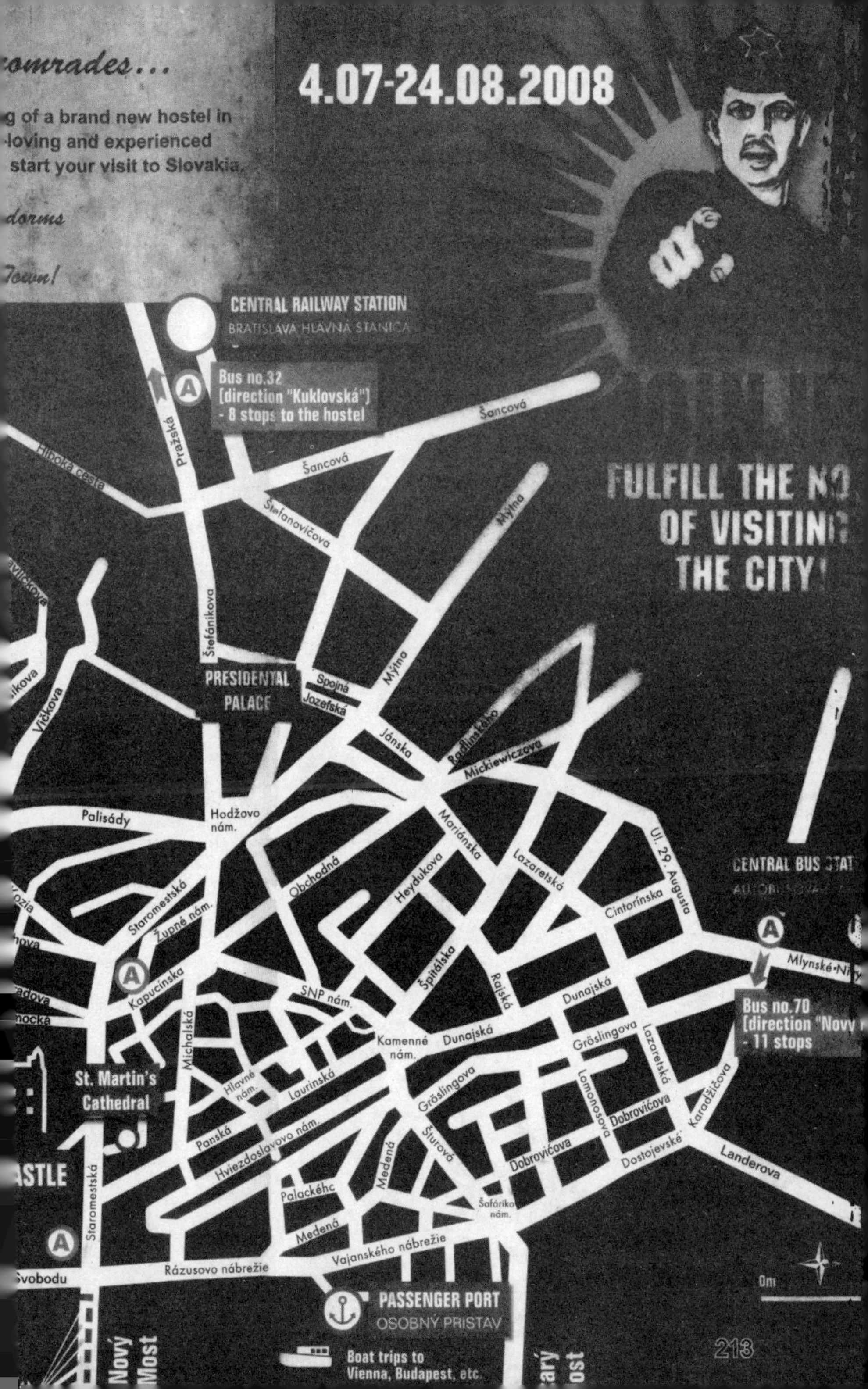

comrades...
g of a brand new hostel in
-loving and experienced
start your visit to Slovakia.
dorms
Town!
4.07-24.08.2008
FULFILL THE NO
OF VISITING
THE CITY!
CENTRAL RAILWAY STATION
BRATISLAVA HLAVNÁ STANICA
Bus no.32
[direction "Kuklovská"]
- 8 stops to the hostel
Pražská
Šancová
Hlboká cesta
Štefanovičova
Mýtna
Štefánikova
PRESIDENTAL PALACE
Spojná
Jozefská
Jánska
Radlinského
Mickiewiczova
Vlčkova
Palisády
Hodžovo nám.
Obchodná
Mariánska
Heydukova
Lazaretská
Ul. 29. Augusta
Cintorínska
CENTRAL BUS STAT
Mlynské Nivy
Staromestská
Župné nám.
Kapucínska
Špitálska
Rajská
Dunajská
SNP nám.
Kamenné nám.
Bus no.70
[direction "Novy
- 11 stops
Gröslingova
Lomonosova
Michalská
St. Martin's Cathedral
Hlavné nám.
Laurinská
Panská
Hviezdoslavovo nám.
Medená
Šurova
Dobrovičova
Dostojevské
Karadžičova
Landerova
ASTLE
Palackého
Šafárika nám.
Vajanského nábrežie
Rázusovo nábrežie
Svobodu
PASSENGER PORT
OSOBNÝ PRISTAV
Boat trips to
Vienna, Budapest, etc.
Nový Most
Starý Most
0m
213

当飞机降落在斯洛伐克首都布拉迪斯拉发时，立刻就让我有了一种经济倒退几十年的感觉，机场不仅简陋、航线很少，而且连行李系统都不是现代化的。从外形上看连柬埔寨暹粒机场都比它现代时尚，与斯德哥尔摩机场反差很大。可能也正是如此吧，虽然这是一个国家的首都机场，但是跨大洲的航线几乎没有，欧洲境内的航线也寥寥几条，人们如想乘机飞往美国、巴西等地，必须要到60公里之外的维也纳机场。

其实

时尚的美女

机场也是了解一个国家、一座城市的窗口，在一个机场哪怕仅仅停留几分钟，也能从一个侧面了解一个国家的经济、社会、环境等很多方面。在机场的建设过程中很多国家都融合了本民族的文化在里面，比如说我在《299美金》中提到的印尼雅加达机场；还有的机场本身就是一件设计的艺术精品，比如说马来西亚吉隆坡机场。读书行路其实就是感悟世界的一种人生经历，俗话说百闻不如一见，别人描写的再好，也不如自己亲身感受一下，毕竟每一个人的旅行感觉和角度都是不同的，哪怕只是小小的机场，从里面也能看出很多东西。

这座古堡很多的国家与东欧许多国家的机场一样，没有地铁、轻轨之类交通工具与市区相连，只能乘坐门口的61路公共汽车。由于航班不是很多的缘故，61路公汽的班次也不是很密，硬件设施与它的兄弟国家捷克相比要差一些。在我走过的这几个国家中，我发现它们的共同点都是郊区的住宅几乎全是"赫鲁晓夫式"，也就是我们国内所说

215

SLOVENSKÉ NÁRODNÉ DIVADLO

的"火柴盒式"。而市内的老城区则完全相反，几乎都是欧化的建筑，甚至很多都是中世纪的建筑，古香古色。另外一个共同点就是在这些国家中，不仅全部保留着有轨电车，更让人惊讶的是开车的司机几乎都是漂亮的美女。古老的电车与时尚的美女司机相结合，倒是城市中一道美丽的风景。

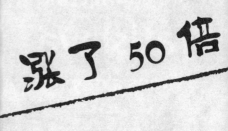

啊！涨了50倍

6年前当我第一次来斯洛伐克的时候，在午夜时分，一位心地善良的女孩把我带到了她所在学校的宿舍，使我经历了难忘的一夜，这个经历后来我把它放进了上本书中。再次来到这里，使我对这座城市本身就有了几分亲切。在出国之前预定住宿时，我寻找了好久，可惜的是我再也找不到当年不到1美元一晚的宿舍了，映入眼帘的住宿价格绝对可以和英国的价格媲美，这倒是让我吃惊不少。这个季节正是欧洲旅行的旺季，如果不预定住宿，没准儿可能流浪街头呢。没办法还是乖乖找一家吧，这个险可不敢冒，否则第二天我会一点儿精神都没有。

找了一圈，发现一家

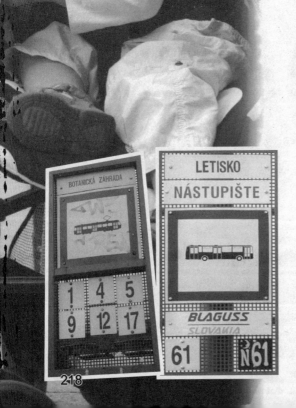

旅馆的宣传页上竟然使用了"RED STAR"的字样来招揽顾客，这顿时让我眼前一亮。仔细一看原来是一家大学学生宿舍，利用暑假学生放假的空闲对外营业。想着自己上次来斯洛伐克时住的就是医学院的宿舍，没想到这次又碰巧遇见了一家大学宿舍，真是巧合。再一看报价，不禁让我倒吸一口冷气，一张床位竟然要1000克朗（33.20欧元），这还没算额外50克朗的人头税。这价格比起6年前足足涨了50倍，简直太恐怖了！再一对比其它旅馆的报价也和这家相差不多，很多酒店的价格还比这家贵不少。我心里嘀咕着看来布拉迪斯拉发真是乘坐火箭进入市场经济了，价格翻了如此之多！既然市场行情如此，那也只好入乡随俗，硬着头皮住了，再重温一遍学生时代的生活。

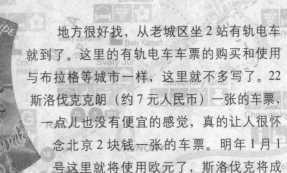

地方很好找，从老城区坐 2 站有轨电车就到了。这里的有轨电车车票的购买和使用与布拉格等城市一样，这里就不多写了。22 斯洛伐克克朗（约 7 元人民币）一张的车票，一点儿也没有便宜的感觉，真的让人很怀念北京 2 块钱一张的车票。明年 1 月 1 号这里就将使用欧元了，斯洛伐克将成为欧元区的第 16 个成员国，到时候不知道这票是降还是涨。和我们中国很多没有建筑特色的大学宿舍一样，房子又高又大，下了车站走过天桥就看见了。在 RECEPTIONIST 办手续时，这里和别的国家稍微有所不同，办理入住手续时要严格登记护照和签证，看来还是保持了一些前苏联的遗风。拿着服务小姐给的床单，坐着几十年前又笨又旧的电梯，总算进到了房间。坦率地讲，房间的设施让我很惊呀，但不是舒服温馨的惊呀，而是对其设备在如此陈旧的情况下还能继续发挥余热感到惊讶，看来世界上不只我们一个国家懂得节约。

独有的灵气
和活力

坐落在多瑙河畔的古城布拉迪斯拉发历史非常悠久，在很长的时间内都是匈牙利统治下的一个城市。在 1536 年的时候，由于当时匈牙利帝国的首都布达佩斯被攻破，所以被迫迁都至此。从 1563 年到 1830 年间，匈牙利国王的加冕仪式均在位于布拉迪斯拉发城堡山麓的圣马丁大教堂举行，在此即位的匈牙利国王多达十几位。尽管拥有悠久的历史，但是整座城市并不是很大，可看的景点也没有布拉格多，很多游人到此都是路过，停留一日甚至几个小时。城市中有圣马丁教堂、总统府、老城广场、斯洛伐克国家剧院、市政厅等景点，这些景点都很近，走路就可以抵达。其中位于多瑙河岸边，拥有 800 多年历史的布拉迪斯拉发城堡是必到的地方，如今它已经成为布拉迪斯拉发城市的象征。我来的时候特别不巧，其内部正在维修，由于其地势很高，并没有影响我从这里俯瞰美丽的多瑙河和以古典主义风格建造的老城区。放

眼望去，风光无限，整座城市尽收眼底。

从城堡走下来，就是老城区。老城区最早被城墙所环绕，并有很多城门，但目前只有一座米哈尔门被保留了下来。这座城门最早建于 14 世纪，在 16 世纪时被改建成了今天的样子，其巴洛克式的屋顶是 18 世纪加上去的，现在上面的塔楼成为了中世纪武器博物馆。我从这个城门走过，发现如今这里的小街两旁全部是酒吧、咖啡吧、特色商店等，在夜晚的时候，时不时还有人在这些用石子铺成的街道旁演出。顺着人流走，一直到前面的市政厅，这一路上都是人山人海，游人如织，的确是感受这座城市味道的最好地点。

行　走

一

圈之后，古老的布拉迪斯拉发如今焕发的青春让我对它刮目相看，再也不能用老印象来看待了。6年前我来这里时还没有见到过的"星巴克"，现在则已经似雨后春笋，随处可见了。走在老城区，完全可以感受到斯洛伐克经济的活力，之前我来这座城市看到的类似中国80年代的穿着，这次再也见不到半点影子。热情、善良的斯洛伐克人民也恢复了独有的灵气和活力，在美丽的天空下，享受着甜美宁静的生活。

居然是两位年轻的学生

Start Here

ICE PALACE An NHL-sized skating rink under a gl...

WILD WEST Sh...

Five acres of water play; its Center of Gravity is a 106-foot bungee plunge over a gigantic wave pool (admission, $26; bungee $60).

CESTOVNY LISTOK
BILLETT

BRATISLAVA

BUDAPEST

北京奥运题材邮票

PEKING 2008 SK 25

WEST 49 A store plus a park with ramps and rails where you can test-ride the skateboarding gear. Roxy, Burton, and Vans clothing is also for sale (486-6975).

($5, admission.)

MIND BENDER The planet's biggest indoor triple-loop roller coaster is one of 25 rides in the Galaxyland amusement park (rides, $1.30 each).

从布拉
迪斯拉发前往
前往匈牙利首都布
达佩斯，可以选择火车、
汽车和游轮。在这三种交通方式中，
由于奥地利首都维也纳、布拉迪斯拉发
以及布达佩斯都坐落在多瑙河边，所以最
舒适的旅行方式非游轮莫属，可惜的是我之
前查阅了游轮的启程时间，竟然没有下午的
班次，而昨天傍晚我才抵达布拉迪斯拉
发，总不可能一大清早就
离开吧，所以游
轮的选择只好
留待下次了。
对于剩下的
这两种交通
方式，我个人
还是觉得火车的
性价比高，这一段由于
是平原所以火车的速度也很快，运
营时间仅为 2 小时 47 分，所以我选择

了下午 15:45 开车的快车。

从"学生宿舍"乘坐 32 路巴士，8 站之后就到了布拉迪斯拉发火车站。火车站的规模与上海、北京的火车站自然无法相比，甚至还有一些陈旧的感觉，但是很方便，至少不用买票就能进站台。即将乘坐的 EC171 次快车，是早上 6:46 从德国柏林开过来的，可能不是始发车的缘故吧，竟然被告知晚点 90 分钟。得此消息后，真是晕倒，因为布达佩斯的中餐馆特别多，我早就想好了，要在抵达布达佩斯后大吃一顿，结果还偏偏遇上了晚点。不甘心地去问讯处，是否还有其他车，结果被告知这个时间段只有这一班车，没办法，老老实实等吧。

车站的设施与欧洲其它火车站相差不多，除了售票处与问讯处之外，在车站大厅中央，还有一个旅馆介绍处，所介绍的旅馆都是经济型旅馆。这类旅馆对于那些号称有多少多少钱的人来说，肯定是入不了眼的，但是对我来说，倒是觉得住住也没什么不好，生活其实就是一种体验，各种生活方式都尝试一下，也是一种人生经历。取了他们的一些资料，想拿回来放到网站上与大家分享。我转身离开他们的柜台时，忽然发现坐在车站台阶上的一群老外之中，竟然还有两个亚洲女孩，这引起了我的好奇。上去一问，两位女孩竟然是北京大学的在校学生，利用暑假两个人在自助旅行欧洲。得知这一结果可把我给惊讶坏了，一路走来，算来也有近 10 个国家了，还是头一次遇见自助旅行的国人，而且竟然还是两位年轻的学生！

遥想自己当年放弃在英国的高薪工作回国，没有像其他同学那样，成为世界 500 强公司的高管，而是牺牲了自己 5 年的宝贵青春，北至齐齐哈尔大学，西至新疆师范大学，进行了全国 400 所大学的公益演讲。几年下来，时间成本和机会成本不算，我自己投入的硬性经济成本就弄得我比以前的生活惨多了，回国之后甚至连辆车都没有买。但是对于自己这些年的投入和付出，我没有感到后悔，很简单的想法就是想给更多的年轻人以勇气和信心，鼓励大家走出去，像同年龄段的老外们一样，在很小的时候，就能够行走在这个美丽的星球上。我也是一名普通人，正如我在《3000 美金》前言中所写："我觉得自己虽然是个小人物，但可以用自己的理念和行为来影响其他人"。期待在世界各地遇到更多的国人，也期待更多的国人行走在周游世界的路上！

3000 美金周游世界专题交流会
主讲人朱兆瑞
时间 5月 30日 5:00 pm

227

2008 年 8 月 11 日上午，中国国家会议中心击剑馆出现了让所有中国人感动、热血沸腾的一幕。24 年前是中国人的骄傲，24 年后依然是中国人骄傲的前奥运世界冠军，也是中国奥运史上第一枚奥运击剑金牌获得者——栾菊杰，在以 13:5 战胜对手，挺进女子花剑 32 强后，只见这位被誉为"东方第一剑"的剑客轻轻地从书包中拿出了一条早已精心准备好的条幅，高举着这个写有"祖国好"三个大字的条幅向全场观众致谢。面对此景，场内的气氛达到了最高潮，所有在场的观众全体起立，向这位深爱着自己祖国的中华民族优秀儿女报以雷鸣般的掌声。

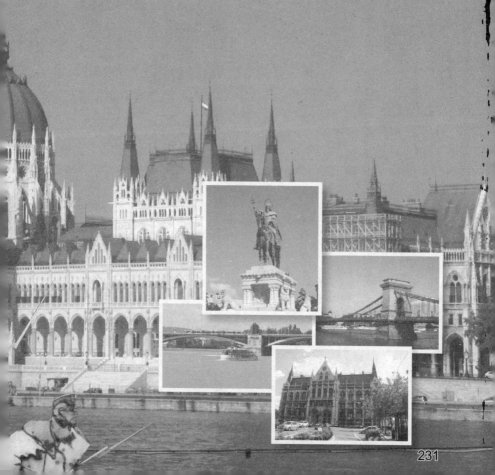

"祖国好"这三个字诠释着令所有人感动的奥林匹克精神，诠释着奕菊杰对祖国的无限思念和难以割舍的爱恋。为了今天这一切，50岁的栾菊杰不得不放弃加拿大工作而在欧洲租房，好不断地参加国际剑联举办的积分赛，累计自己的积分以便获得北京奥运会的参赛资格。她选择租房的这座城市就是有"多瑙河明珠"之称的匈牙利首都布达佩斯，也就是我今天将要抵达的国家。

REETINGS

兼任自己老婆的情人

位于欧洲中部喀尔巴阡盆地的匈牙利是一个中等发达的内陆国家，和我国黑龙江的纬度相差不多，周边与斯洛伐克、乌克兰、罗马尼亚、塞尔维亚、克罗地亚、斯洛文尼亚以及奥地利接壤，曾是前苏联阵营的重要成员，国人习惯将其划为"东欧"国家，但是当地人其实更乐意称自己为"中欧人"。匈牙利是欧洲大陆唯一有着亚洲血缘的欧洲民族，有一种说法认为匈牙利人的祖先就是我们熟悉的匈奴，曾经写出"生命诚可贵，爱情价更高；若为自由故，二者皆可抛"著名诗句的匈牙利著名诗人裴多菲（在市内"3·15"广场上有其雕像）为此还赋诗一首："我们那遥远的祖先，你们是怎么从亚洲走过漫长的道路，来到多瑙河边建立起国家的？"

按照大多数历史学家的观点，匈牙利的历史可以上述到公元9世纪，当时东方的游牧民

族——马扎尔游牧部落从乌拉尔山西麓和伏尔加河湾一带向西迁徙，于公元896年在此定居下来并于公元1000年，在此正式建立了封建国家。为了能在这块风调雨顺的地方安居下来，其开国国王圣伊什特万改信了天主教，并于1001年接受了罗马教皇加冕。但是事与愿违，在其后的历史岁月中，这里与波兰一样，屡受外族侵略，直到1867年。由于奥地利帝国内忧外患，约瑟夫·费伦茨皇帝才答应向哈布斯堡王朝统治下的匈牙利妥协，当时作为奥地利皇后的美丽公主茜茜也因此兼任了匈牙利王后，当然了这个皇帝也不知道他所任命的匈牙利总理安德拉什·久拉还兼任自己老婆的情人。

但不管怎么说，匈牙利在这之后迎来了短暂的和平时期，经济飞速发展，并在十九世纪末加速了国家的工业化与城市化，超越了当时欧洲的很多国家，达到空前的繁荣期。布达佩斯也以惊人的速度

www.budapestinfo.hu

Citadel

Parlament

Royal Palace

Mátyás templom

Synagogue

Halászbástya

Rudas Thermal Bath

Libegö

Budapest Kár

public transport
FREE
...and more
Discover Budapest with
Budapest Card Valid for
48 and 72 hours. On sale
at tourist information of-
fices, underground ticket
offices, travel angencies
and hotels.

成为了欧洲令人瞩目的城市。为了庆祝民族定居 1000 周年，于 1896 年成功地承办了世界博览会。当地人俗称的"黄铁"，继伦敦地铁之后欧洲大陆上的第二条地铁——"千禧年地铁"，就是在当年的 5 月 2 日与世博会开幕式同时剪彩开通的。这条地铁的修建，代表了布达佩斯从此进入了欧洲现代化城市，至今这条地铁依然是这座城市运力的主力军。同一时期建设的包括渔人堡、国会大厦、王宫等多瑙河两岸建筑群在内的以及"千禧年地铁"、英雄广场等建筑，目前已经被联合国教科文组织列入世界文化保护遗产。在不久的将来，上海也将举办世博会，让我们拭目以待，期待上海也能成为世界瞩目的焦点，期待我们的设计师也能为这座中国最大的城市献出几份艺术杰作，为我们的子孙后代留下一笔宝贵的财富。

235

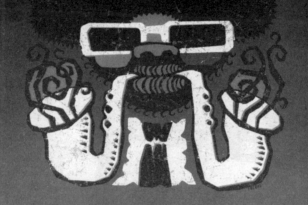

真是郁闷死了！

想起上次来匈牙利，自己买了一大袋"爆米花"去送花的经历，就想笑。弹指一挥间，几年的时间都已经过去，但是事情好像发生在昨天，真是岁月如梭。列车上的设备不错，比前几年要好不少，尤其是餐车和头等舱，干净、温馨，人也特别少，90%的座位都空着，与国内列车上的人山人海简直成了天壤之别。速度很快，中间列车员前来查过一次车票，不像我上次来的时候，除此之外还要查验护照和签证。坐在飞奔的列车上，不知不觉间，列车已经进入了匈牙利地界，这还是我从手机的信号上看见的。看来"申根"签证的实施的确极大地方便了人员的往来，为社会节约了大量时间和金钱，否则若再停车检查护照，不知又有多少时间被白白浪费。

由此我想起了中国政府1988年12月8日与匈牙利政府签订的关于中、匈两国互免签证的协议。协议的主要内容是自1989年1月1日开始，只要持有中华人民共和国护照的中国公民进入匈牙利，就可以等到免签证的待遇，据说这是欧洲国家第一个对我国大陆因私护照实行免签证的国家。不用去大使馆申请签证，买张机票就可以出国，当时的人们听到这个消息，一定非常开心，可惜我没

Budapest

有
赶上那个好时候。但是听说不久以后这个
协议就被匈牙利政府当机立断地给取消了，原因不言自明。我自己在海
外也生活过很多年，深知海外华人生活的不易，只有国内经济发展上去
了，也许很多国家签证的大门到时才会向我们自动打开。就好像不
久前，匈牙利就进入了前往美国旅行免签证国家
的名单。每当看到媒体报道
又有多少

国
人消失在什么
国家的消息，我总觉得很
难过，出国之后非法滞留不归，真是
害人害已，越出这样的事情，世界各国对我们手里
的这个本本越检查的仔细，弄得每个人出去都像是偷渡
客，真是郁闷死了！

Talent for entertaining
Culture

匈牙利铝矾土蕴藏量位居欧洲第三位，此外还有少量褐煤、石油、天然气、铀、铁、锰等，总体来说自然资源比较贫乏，森林覆盖率约为 18%。但是由于这里位于多瑙河平原，风调雨顺，农业则成为了国民经济的主力。虽然自然资源贫乏，但是匈牙利利用其境内山河秀丽，温泉遍布的特点，积极发展旅游业，将旅游业作为国民经济的支柱产业之一，在国民经济中占重要地位。这一点我们从其驻华大使馆的网站上就可以看出，全世界前往匈牙利需要签证的国家凤毛麟角，旅游信息公布得也特别详细。同时近年来匈牙利在吸引外资方面也颇有成效，诺基亚、奥迪、西门子、Flextronics、飞利浦、爱立信等世界著名企业在匈牙利都有投资，通用电器照明公司则干脆把负责

Talent for entertaining HUNGA

《布达佩斯之恋》

欧洲、中东和非洲地区事务的区域性中心由英国伦敦直接迁到了匈牙利。

　　蓝色的多瑙河从西北蜿蜒流向东南，与上海的黄浦江一样，将布达佩斯一分为二，8座别具特色的铁桥飞架其上，将西岸的布达 (BUDA) 和东岸的佩斯 (PEST) 紧密地连为一体。两个城市的共同点都是生来与水相依，与水相融，我想也只有这样的城市才能演绎出《布达佩斯之恋》。伴随着忧郁星期天的乐曲，美丽、战乱和复兴的欧洲——闪现，一个女子与三个男人感情纠葛的故事就此展开。精明、善良、高贵、肮脏的人性就此融合在影片之中，忧郁、刚烈、淳朴、浪漫，则渗透在这座古城的每个街角，每块石板，难怪法国人把这座处于

欧亚大陆交通线十字路口的城市誉为"欧洲最安静的首都"。

　　但是城市的另外一个方面，我却对法国人的这种提法不敢恭维。布达佩斯的一面是静怡，但是另外一面，它绝对不是一座安安静静的首都。在其后的几天里，我感受到了这是一个追求自由、幸福、享乐的民族，敢爱敢恨，率性而为，充满青春活力。无论是链子桥边缠绵接吻的情侣，还是多瑙河边如风疾驶的自行车手，亦或是不穿上衣的匈牙利"板爷"，都强烈地反映出他们的这种民族特点。同时这是一座适合怀旧和遭遇浪漫的城市，清淡悠闲，带着草原和森林的芬芳；这也是一座值得来了再来的城市，质朴沉静的美也许正是这个民族千年遗留下来的美德；更是一座值得长久回味的城市，即使在最喧闹的桥头，时间的逝去也不过像多瑙河上静静的游轮，只留下几道淡淡的水波，也许布达佩斯的美就凝结在这淡淡的水波之中……

这座 1000 多年前就已经正式建立城市的欧洲古城，还是全世界唯一一座利用了 80 多个温泉和温泉井的大城市和首都，由天然医疗温泉或人工打出的温泉井提供水源的浴室数量接近 50 个。原始状态的土耳其浴室至今依然保留着，散发出浓重的人文色彩。除此之外这里也是匈牙利政治、经济和文化艺术中心，很多高等院校、科学院、图书馆以及国家剧院等都在这里。随着匈牙利 2004 年 5 月加入欧盟，其本国的经济也得到了快速发展，在中东欧国家中，目前 GDP 增长仅次于斯洛伐克。随着匈牙利经济强劲的增长，其在欧洲乃至世界的地位也不断得到提升，这让原本就属于欧洲经济、文化势力范围的匈牙利更是让人刮目相看，布达佩斯已经成为了一座国际化的大都市，这一点从我一下火车就感觉到了。

布达佩斯拥有 3 座国际火车站，分别是东站、西站和南站。每一座火车站又都与地铁或其它大众交通工具连接，非常方便。东、西两大火车站每天往返的国际列车超过 50 次，连接着欧洲 25 个国家的首都，我们抵达的是市中心最大的火

她怎么还在这里？

车站——火车东站（KELETI PU）。犹如伦伯朗笔下蒸汽腾腾的巨大厂房，虽然我们抵达这座火车东站的时候，时间已经不早了，但这里依旧是人山人海，热闹非凡，车上车下一片嘈杂声。2天之后，我们将都萨的要从这里前往克罗地亚首格勒布，所以按照我一贯做法，还是先解决了车票再说。

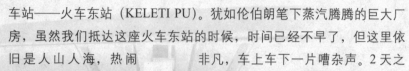

这里的"旅行服务中心"设在了最靠近地铁站的那个出站口，里面的资料很全，各种酒店介绍的小册子、旅行地图等也一应俱全，工作人员用英语热情、耐心地回答着旅客的各种问题。我在路过车站另外一个酒店推荐中心的时候，发现在火车上向我们推荐住宿的小姐也出现在窗口前。她怎么还在这里？我嘀咕着。她在火车上向我们推荐一

套公寓时，可要求的是我们马上付款，因为她说她很忙，下车之后就要下班，没有时间多等我们考虑。按照行程计划，我选择了第三天下午17:00开往萨格勒布的快车。由于列车有一段行驶在欧洲最大的淡水湖——巴拉顿湖边，所以速度并不快，加上

中间还要停车办理出入境手续（克罗地亚目前不属于"申根"国家，要单独签证），本来还没有沈阳到大连远的距离，中间却要折腾6、7个小时。

OR

243

刷完信用卡买好火车票（要是在这里兑换当地货币，那可亏大了，所以出门一定要带信用卡），下一步就是要寻找一下今明两天的住宿了。这次开始启程之前，所有的机票在国内的时候就已经预定完成，按照正常来说，住宿也应该全部完成，但是我在预定布达佩斯的住宿时，发现这里的情况与我在斯洛伐克类似，酒店的价格较之六年前已经翻了好多倍，想在这里寻找到一个"性价比"高的住宿地方还真不是件容易事。最后一想，因为之前我知道布达佩斯的民宿是整个东欧国家中最多的，干脆到了这里再找吧，因此在出发之前仅有这里的住宿我没有预定。当然这样也有风险，因为7、8月份是欧洲旅行的旺季，也有可能找不到合适的地方，甚至露宿街头。这里我想补充一下，按照国际惯例，无论是预定 HOTEL 还是 HOSTEL，酒店都会要求出示信用卡担保，当出现不住的情况时，一般情况下酒店会把钱从信用卡中直接扣除。所以在出国旅行之前，预定酒店时一定要三思，否则如果不住的话就要损失金钱。

在布达佩斯火车东站，就有当地很多的百姓出来揽客，没走出几步，就遇见了一位中年男子。这哥们特热情，还没等我张嘴，

第N个女朋友的面子

MEMENTO PARK

他就像认识了我 N 年一样，亲热地和我打着招呼。结果一张嘴就拍错马屁了，叽里瓜拉一堆日语之后，看见我没反应，才知道弄错了。不过这家伙也不尴尬，马上改用流利的中文说："你好"。这下子却把我搞糊涂了，这家伙怎么会讲汉语？一听到这个问题，这位立刻来了精神，一顿眉飞色舞，向我吹嘘说 N 年前有一台湾女孩来此旅行，结果被他的魅力所吸引，甘愿做了他的第 N 个女朋友，因此他的中文突飞猛进。

　　一番沟通之后，知道了这吹牛的家伙来自巴勒斯坦，他一再强调自己是"巴勒"而不是"巴基"。他的一套带有厨房、洗手间、2 个卧室的公寓开价 80 欧元一个晚上，这个价格比这里的三星级酒店便宜 20 欧元左右，但是相对这里老百姓的收入来说已经很不错了，应该还有不少价格空间，尤其现在这个时候天已经不早了，他一定想尽快出手，耐心和他沟通就好。

　　几斧下来，60 欧元 / 天，这家伙对天发誓说这已经是最跳楼的价格了。我上次去以色列和埃及的时候，遇见过太多跳楼发誓的了，结果没有一个人跳，

N DAILY
1 10 A.M.
L DUSK.

pest,
district,
r of Balatoni út
Szabadkai utca.

.mementopark.hu

TRAVELLING INFORMATION

Direct transfer from downtown (Deák tér, METRO №1, №2, №3) to Memento Park every day, at 11 a.m. (in July and August also at 3 p.m.). The bus leaves from Deák Square from the bus stop distinguished by the Memento Park-timetable.

Alternative ways via public transport: > Bus №47-49v from Deák tér > to Etele tér/square (terminus) > from Etele tér take the Volán bus, leaving from Volánbusz Station, gate №7 toward Diósd (in every 20 minutes) > get off at the Memento Park - Szoborpark bus stop (15 minutes).

245

鬼才相信他的发誓呢。"50欧元"，说完我继续向前。在前面不远的地方，我已经看到了一位老年女士坐在那里，手里举着小牌，正在寻找客人。一方面给这个台湾女孩 N 年前的男朋友考虑考虑时间，一方面我也想顺便了解一下目前布达佩斯民宿的行情，尽管我知道这里的物价已经大

规模上

涨（东欧

国家甚至全球几乎

都如此），但具体涨了多少我也

想知道一下。

　　结果还没有等我和前边女士说话，这哥们已经快步上前和我说 OK 了。接着又像我在《3000 美金》里描写的类似地区的人那样，大谈了一遍中巴友好之类的话题，意思无外乎是看在中巴友好的情分上，特别是看在他的第 N 个台湾女朋友的面子，才给的这个跳楼价！

到底还是买的不如卖的精，从火车东站前往这所公寓，打车 10 欧元，结果下车后竟然还是我们付的钱。公寓比邻大街，坐落在多情的多瑙河边，走路到著名的国会大厦 3 分钟就到了，旁边还有 4、6 路有轨电车和便利店等服务设施，交通和位置都是一流的。与大多数匈牙利民居一样，这里的房

子举架非常高，不像北京的房子层高就那么一点点，多余的空间也没有。通过只能站两个人的古老电梯上了三楼，当房门打开的时候，还好没有让我失望。房间不仅宽大，屋子也够多，而且与我们在波兰所住的公寓一样，各种设备都已准备得整整齐齐，只是都比较陈旧，电视机都还是很小尺寸的，连纯平都不是。虽然这里的洗澡间没有我们在波兰住的那么大，但却

是与卫生间分开的，
大客厅的面积也足够大，
想睡3、4个人一点儿都没
有问题。付钱之后，我问他
离开的时候，钥匙如何归还，他
回答说直接放在屋子里就好了，门
带上就行。住这哥们房子还真简单，
押金也不用交，护照、签证也不用登记，
看来住在匈牙利人这地方的人还是蛮简单
和相信人的。

ROUND THE WORLD

周游世界
是必不可少的手段

　　布达佩斯这座温泉之城能有今天的发展，真的得益于 1896 年承办的世界博览会，时至今日，城市的很多建筑和公用设施还都是当年留下来的。整个城市也非常适合自助旅行，一至两天的时间基本上就可以了。一般情况下的路线设计可以从布达的渔夫堡开始，之后一路下来，穿越著名的链子桥后，就又回到了佩斯。欧洲最大的国会大厦等

Budapest Card

scover Budapest and save money with this tourist card, which
rs you almost a hundred services:

unlimited travel on public transport
free admission to 60 museums and sights
sightseeing tour for half price
reduced price tickets for cultural
and folklore programmes

很多著名建筑都在这个区域，同时这个区域也是城市的商业中心和交通中心。布达佩斯的有轨电车线路是世界上最长的线路，其中4路和6路这两条有轨电车线，则是布达佩斯非常重要的两条线，途经很多重要景点、商业中心以及多瑙河两岸。同时这两路电车也是这次我在东欧国家中，见到的最现代化的有轨电车。不仅车身巨长、外形美观、载客量大，而且里面的设施也非常人性化。其买票的方法与布拉格等东欧城市一样，要车下买票，车上打卡。如果无票乘车，抓住后那可就要多掏银子了。

总体来说，布达佩斯的城市交通位居欧洲前列，自助旅行非常方

便。3条地铁线路、180条公共汽车线路、29条有轨电车、14条无轨电车和1条齿轮列车线路组成了城市一张密密麻麻的交通网。3条地铁线交汇在市中心的迪亚克广场，从04:30~23:30，每隔2~5分钟就有一班，每换一线地铁就要一张票，地铁附近的街上可看到"M"标识。为了方便国外旅行者，当地还推出了一张专为游客设计的48小时（6500福林，约为28欧元）或72小时（8000福林，约为34欧元）有效的布达佩斯卡。有了此卡不仅乘坐市内交通工具全部免费，而且还能在特定的博物馆、以及动物园、游乐园等地方获得优惠门票或者免费进入。另外持有此卡还能在一些城市观光旅行和部分文化活动中享受优惠，并能在一些特定的餐馆、咖啡馆和商店中，享受8折优惠。虽然购买方便，在各个旅游咨询中心、旅行社或者博物馆等地都可以买到，但是由于很多景点上次我已经来过了，况且我现在所住的这个位置，距离这次主要想看的渔夫堡和国会大厦走路就可以抵达，所以也就放弃了购买此卡的打算。

Urban Public Transport Museum

BKV ZRT

Last I remember, I was drowning in a sea of yellow taxis.
Then I hit the accelerator.
Now the only yellow I see is leading the way.

其实在伦敦、纽约、悉尼等世界很多城市，都会有类似这样的卡推出，但是买与不买，要根据当地和自己当时的具体情况来做决定，不是所有的"便宜"都要占的，这与"君子爱财，取之有道"的道理是一样的。当然这里所讲的"占便宜"是指如何合理利用信息，完成旅途最佳性价比。而并非是天天如何考虑占别人，尤其是旅伴的便宜，这种人是很没有道德的！还有一点就是如果选择结伴同游，那么在旅途中所有人都是平等的，互帮互助，互相体谅，团结友爱，这一点与常规的旅行团还是有本质区别的。不要总想着让别人来伺候，不要说没有付伺候费，就算愿意付小费，大家都是出来旅行的，别人也未必愿意收。除非自己真的不在乎钱，专门找一个跟班全程伺候，愿意支付其全程所有的费用和满意的报酬。在国内个人自助去世界旅行还任重道远，要想达到欧美国家那样的普及率，的确需要时间的培养。今天看报纸说，第一批 90 后学生今年开始进入大学读书，这意味着又一个时代开始了。历史的车轮是永远向前的，时代也是在发展的，要使有限的生命获得尽可能多的快乐与感悟，周游世界是必不可少的手段，我相信这一代一定比我们走得更远。茫茫人海之中，其实能有机会结伴同游世界，应该也是件很有缘分和意义的事情，既然如此，还是一起来寻找和珍惜这份缘吧。

Last I remember, I was drowning in a sea of yellow taxi
Then I hit the accelerator.
Now the only yellow I see is leading the way.
My dream is to experience more freedom.
It's all smooth sailing from here.

世外桃源

　　早上起来，我还在沉浸在昨天晚上欣赏多瑙河夜景的震撼中，这是布达佩斯必看的景色。在夜晚五彩斑斓的灯光照耀下，多瑙河两岸波光鳞动，桥面上被灯光装点得璀璨夺目。河面上穿梭的游船、城堡山上的古老教堂、被灯光点缀起来的"金色"皇宫、还有不远处优雅横跨的链子桥组成布达佩斯最为迷离魅惑的夜景，使人非常震撼，终生难忘。

　　今天我将首先前往多瑙河西岸的布达城堡区，它依山而建，是历代匈牙利王朝建都的地方，景色秀美、古迹众多，大部分街道保持着

中
世纪的
风貌。富丽
堂皇的旧皇宫，建筑
精致的渔人堡，苍老神秘的
马加什大教堂等著名建筑群都坐落
于此。这里是俯瞰全城的制高点，也是游人必
到的地方。除此之外，这里也是布达佩斯的富人区，在其林木苍
翠的山坡上是星罗棋布的各式别墅和疗养院。由于我上次前往布达区
走的是前面的正路，也就是在跨越多瑙河后直接上山，而这次我想欣
赏一下布达后边山上的风景和建筑，所以就没有走之前的路。而是沿
着4路有轨电车线，跨过莫尔吉特桥向其后边走去，从那里再前往渔
人堡等景点。

越往上走，越感觉人们之间的贫富差距越大，其实这已成为东欧
国家之间的社会通病了，从波兰到拉脱维亚，从立陶宛到捷克莫不如

此。山下的建筑依旧是我们常说的"火柴盒式"，看见这些建筑才会想起这里之前还曾经是前苏联最重要的盟友之一。不过现在时过境迁，只剩下这些陈旧的建筑还依稀诉说着当年的历史，更多当年的记忆只能去博物馆里寻找了。进进出出这里的人，大部分服饰还是相对保守和朴素，尤其上了年纪的人更是如此，时尚气氛明显不如对面的佩斯，大部分人还不会讲英文，也许居住在这里的人们也代表着一个时代。

走在山坡的小路之上，才知道什么是曲径通幽的感觉。越往上走，越发现山上山下好像是两个世界。此时已经有越来越多的漂亮别墅已经出现在了我的眼前，可能是没有游人的缘故，这里一点儿也没有现代化的喧嚣，鸟语花香，清新的空气可以与奥运会期间的北京相媲美，幽静的环境与对面的佩斯完全属于两个不同的世界。这里的建筑不仅自然地和周围的环境融为了一体，而且在整个上山的过程之中，没有看见特别的安全防护措施，人们安静悠闲地生活在这里，也许传说中的世外桃源就是这个样子吧。

向对方奉献初吻

走到山顶就是著名的布达城堡区了。这里街道两旁的房屋和路灯仍保持中世纪时的样式，堡内有布达皇宫、圣母玛利亚教堂、中央广场、三位一体像等著名景点。占城堡区 2/3 面积，13 世纪后期建造的皇宫一直是匈牙利的舞台中心，在历史上这里曾几度修建又几度毁于战火。现在这座建筑是在二战后修复的，于 1950 年修建完成，所以看上去比较新，这里目前是国家图书馆和匈牙利民族画廊等几家博物馆所在地。除了皇宫之外，这里最著名的景点就属马提亚教堂了。这座教堂最早建于 1255——1269 年，是贝拉四世时代建造的巴洛克式建筑，1470 年时按照当时马提亚国王的命令修建起了 88 米的尖塔，基本奠定了今天教堂的雏形。此后，该教堂一直处于不断修建之

Skoda Fabia 1.2 A/C VW Polo 1.4 A/C	14 760 HUF / day
Audi A4 2.0 TDI A/C Skoda Superb 1.9 PD TDI A/C	29 880 HUF / day

256

中，奥斯曼王朝时再次遭到破坏，至 1739 年才重建完成。在结束了奥斯曼王朝的统治之后，18 世纪这座教堂又从清真寺恢复了罗马天主教堂，在这座教堂里有一个朝向麦加方向的壁龛室，可以看出它在奥斯曼王朝时期曾是一座清真寺。到 19 世纪晚期时福里杰斯 (Frigyes) 按照中世纪哥特式风格又对其进行了重新设计，今天见到的教堂是在二战后历经 20 年修整完成的，目前已经成为了布达佩斯的象征之一。由于这里的音响效果特别好，因此经常会有音乐会或者其它活动在这里举办，每个星期天这里都会挤满来欣赏巴赫、莫扎特、李斯特所撰写的弥撒曲的音乐爱好者。不过需要注意的是，由于很多音乐会都是深夜结束，所以最好事先安排好出租车。

这座著名教堂旁边的白色尖顶建筑，仿佛童话城堡般的造型，是由近代设计家福里杰斯 (Frigyes Schulek) 设计的渔人堡。渔人堡建于 1905 年，最初这里曾是个鱼市，后来渔民们为了保护自己的利益，就在此修建了此堡。由于站在这里可以鸟瞰多瑙河和佩斯美丽的风光，所以据说这里成为了布达佩斯情侣们最喜欢接吻的地方，有人曾做过这样一项调查，在这里向对方奉献初吻的年轻人比例最高。

KÉT ZSINAGÓGÁVAL　　　　　　　　　　　　　　　HÁROM

során megtekintjük a Dohány utcai zsinagógát, mely Európa legnagyobbika, idegenvezetést ... nk a Zsidó Múzeumban. Megtekintjük a Holocaust temetőt, melyben több ezer ember talált ... nyóhelyre, illetve a Raul Wallenberő Emlékparkot és az Életfát. Hogy megismerhessen a ...

A túra során megtekintjük a Dohány utcai zs... tunk a Zsidó múzeumban. Megtekintjük a ... nyughelyre, illetve a Raul Wallenberő Emlé...

Palace
of Arts
Budapest

快乐的心情和欢乐的气氛
已经超越了所有

站

在这里也是欣赏

对面匈牙利国会大厦最好的

地点。位于多瑙河畔，建于1884-1904年的这座宏伟壮观的新哥特
式建筑，是世界建筑艺术中的珍品，也是布达佩斯的象征。大厦是
由匈牙利著名建筑师伊姆雷设计并监造的，内有691间巴洛克式的
房间、会议室和大厅，主要的厅室里都用匈牙利历史名人的肖像和
雕塑以及表现匈牙利历史大事的巨幅壁画装饰，非常豪华壮观，可
以在导游的带领下入内参观。外部则由塑像、浮雕、花纹、尖塔部
分等组成，共用了大约55万块石头。在远眺欣赏完这座壮观的宫殿
之后，举目四周，黄色的多瑙河泛着微波与沿河两岸的古老建筑以
及多瑙河上的9座桥梁，构成了一幅壮丽的油画，在阳光下的照耀
下，熠熠生辉，美不胜收。

从渔人堡下来，就到了连接布达与佩斯
的九座大桥中最古老、最壮美的桥梁——
链子桥(Chain Bridge)。在总共跨越多瑙
河的九座气势雄伟、风格迥异的大桥
中，该桥融合了古罗马与奥斯曼风格，
于1839年开始兴建，1849年完成。
该桥的完成是第一座真正连接佩斯与
布达两城之间的永久性建筑，奠定了
布达佩斯作为中东欧经济文化中心的
地位。同时该桥也是多瑙河上重要的

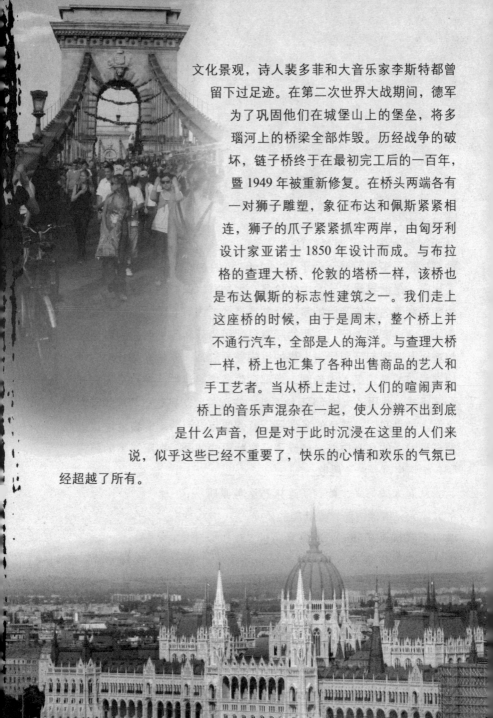

文化景观，诗人裴多菲和大音乐家李斯特都曾留下过足迹。在第二次世界大战期间，德军为了巩固他们在城堡山上的堡垒，将多瑙河上的桥梁全部炸毁。历经战争的破坏，链子桥终于在最初完工后的一百年，暨1949年被重新修复。在桥头两端各有一对狮子雕塑，象征布达和佩斯紧紧相连，狮子的爪子紧紧抓牢两岸，由匈牙利设计家亚诺士1850年设计而成。与布拉格的查理大桥、伦敦的塔桥一样，该桥也是布达佩斯的标志性建筑之一。我们走上这座桥的时候，由于是周末，整个桥上并不通行汽车，全部是人的海洋。与查理大桥一样，桥上也汇集了各种出售商品的艺人和手工艺者。当从桥上走过，人们的喧闹声和桥上的音乐声混杂在一起，使人分辨不出到底是什么声音，但是对于此时沉浸在这里的人们来说，似乎这些已经不重要了，快乐的心情和欢乐的气氛已经超越了所有。

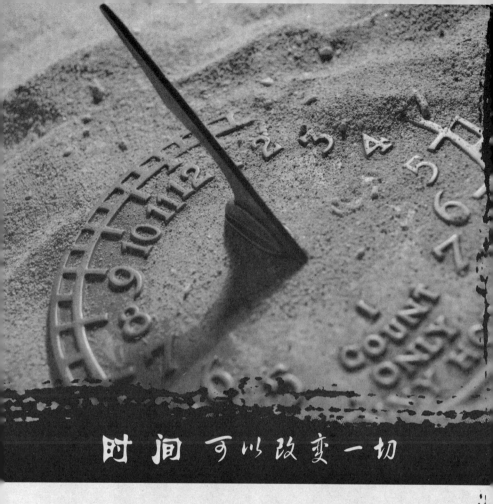

时 间 可以改变一切

　　过了桥就是始建于公元 3 世纪初，现在已是商业和文化中心的佩
斯了。这里除了著名的国会大厦之外，远近驰名的英雄广场也是不能
错过的。宽敞的英雄广场是一个融合了历史、艺术和政治的胜迹，广场
的右边是全国最大的画廊，左边则是美术馆。在广场两侧对称的两堵
弧形石柱壁上，每一堵石柱之间，都排列着 7 尊型精美，栩栩如生的
英雄塑像。中心地方则矗立着一座 36 米高的千年纪念碑，柱顶站立着
大天使加百列的石像，这位在《圣经》中同情人类，慰劳人类的天使，
高展双翅，似乎刚刚从天而降。下面的基座上，是为纪念匈牙利建国
1000 年而特意修建的有 7 位骑着战马的历史英雄青铜像，他们的装束
与一路上所见其他地方的古代欧洲骑士全然不同，绝对有东方游牧民

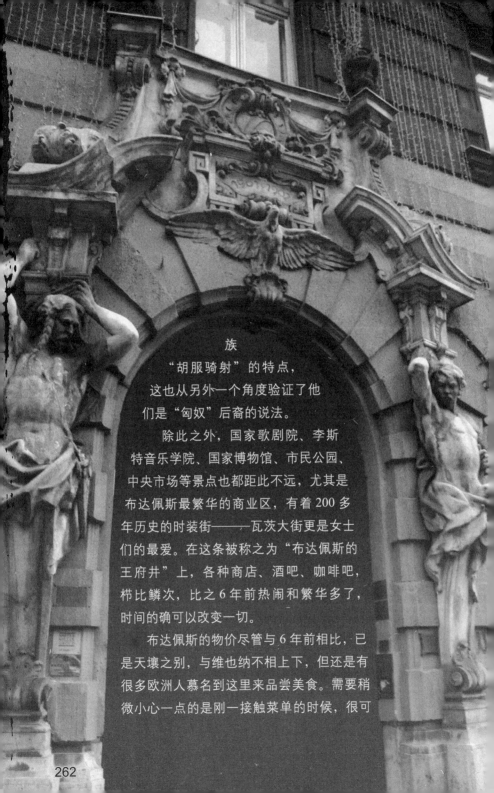

族

"胡服骑射"的特点，
这也从另外一个角度验证了他
们是"匈奴"后裔的说法。

除此之外，国家歌剧院、李斯
特音乐学院、国家博物馆、市民公园、
中央市场等景点也都距此不远，尤其是
布达佩斯最繁华的商业区，有着 200 多
年历史的时装街———瓦茨大街更是女士
们的最爱。在这条被称之为"布达佩斯的
王府井"上，各种商店、酒吧、咖啡吧，
栉比鳞次，比之 6 年前热闹和繁华多了，
时间的确可以改变一切。

布达佩斯的物价尽管与 6 年前相比，已
是天壤之别，与维也纳不相上下，但还是有
很多欧洲人慕名到这里来品尝美食。需要稍
微小心一点的是刚一接触菜单的时候，很可

能会被上面的菜名弄糊涂。比如说菜单上的"匈牙利炖牛肉"可不是我们脑海中炖的肉，而是肉汤。正宗的匈牙利炖牛肉要叫"波科尔特"，这是用牛肉、猪肉、小龙虾、鹿肉等不同原料做成的美味，绝对值得一品。这里的很多菜与川菜的辣味类似，点的时候可稍加注意。不过这座城市的中餐馆和中式外卖餐厅有很多，堪称欧洲之冠。里面的中国食物虽然已经改良，口味与国内无法相比，但物美价廉，差不多与"麦当劳"相当的价钱就能解决一顿午饭。我临上火车前，还特意在一家打包了一份，并给掌柜的小伙子照了一张像，希望他常回家看看。

H-1088 Budapest., Rákóczi út 43-45.
Nyitva tartási idő / opening hours:

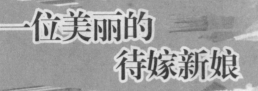

一位美丽的
待嫁新娘

　　从布达佩斯出发，我乘坐的这班火车是经由克罗地亚首都萨格勒布和斯洛文尼亚首都卢布尔雅那，前往意大利著名水城威尼斯的快车。但是车内的大部分乘客其实是到欧洲最大的淡水湖——巴拉顿湖（也称为匈牙利海）休息度假的，真正到终点的并没有几个人。这也难怪，从布达佩斯到威尼斯的飞机票最便宜的时候也是几毛钱甚至不要钱一张（不含税），又有谁会花费十几个小时的时间和不菲的金钱（100欧元以上）来乘坐火车呢。

　　这个烟波浩淼，风光旖旎的巴拉顿湖是匈牙利最诱人的旅游风光区和疗养地，全湖面积595平方公里，有着欧洲最长的湖岸沙滩，沿岸观光游览城市有凯斯特海伊、希欧福克、巴拉顿菲赖德等城市，梭鲈鱼可是这里最著名的美食。在湖的北岸有 14 座火山，几千年来不断喷涌而出的火山岩堆积形成了这里独特的地貌特征，每到夏天时分，来自匈牙利、德国、奥地利等国的游客就纷至沓来，戏水、游乐、享受日光浴。匈人均收入比邻国奥地利要低，但很多人宁可多享受悠闲生活的乐趣，也不愿为追逐金钱而奔波劳碌，从湖边绵延数十公里的别墅群和当地人建的度假小屋，可以明显感受到这里人对生活的态度。由于是沿着湖边行走，所以火车的速度很慢，这也正好给我提供了一个欣赏这个

秀美湖泊的机会。清澈的湖水、岸边古老的建筑、充满着浓郁匈牙利民族风情的酒吧和餐馆、悠闲度假的游人，这一切都让我想起了 19 世纪匈牙利著名诗人摩尤卡依（MorJokai）的一段描写巴拉顿湖的著名文字："巴拉顿像一位美丽的待嫁新娘，在等待着新郎的到来，她举手投足间都流露出无比的妩媚，她是那么的耐人寻味，整幅图画是那样的恬美。"

ZBIRKA MEDALJA I PLAKETA

ZBIRKA STEĆAKA

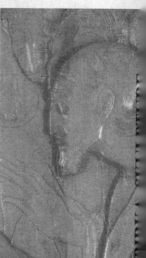

第十章　克罗地亚

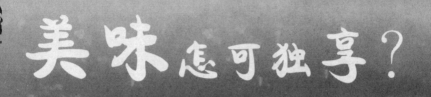

美味怎可独享？

"克罗地亚目前正在为加入欧盟做出努力，同时也愿意成为中国与欧洲国家展开交流的桥梁和纽带。"这句话是地中海地区最为神秘的国家，克罗地亚73岁的总统斯捷潘·梅西奇（Stjepan Mesic）先

生在参加北京奥运会开幕式时所讲的话。提起面积只有 56538 平方公里的克罗地亚，很多国人对其恐怕还比较陌生，但是如果提起南斯拉夫，提起铁托，相信马上很多人就会有了印象。位于巴尔干半岛西北，亚得里亚海东岸的这个前南斯拉夫联邦共和国，其地形似一把古代的战斧。斧刃是西部沿海山脉和长长的海岸线，美丽狭长的岛屿散落在亚得里亚海，与意大利隔海相望；斧身和斧柄则是富饶的多瑙河平原，与斯洛文尼亚和匈牙利接壤，东面和南面则与塞尔维亚与波黑接壤。这个人口仅有 450 万人口的"千岛之国"，依靠碧蓝纯净的海水，充满阳光的海滩和保留着大量欧洲中世纪建筑的城镇，竟然吸引了比自身人口还多的外国游客。旅游收入已经占到了整个国家 GDP 的三分之一，成为了国民经济最重要的支柱产业。

由于克罗地亚目前还没有加入欧盟，也不属于"申根"国家，所以火车在过巴拉顿湖后不久，就开始了护照签证的检查。程序是匈牙利这边先盖"申根"签证的离境章，之后再由克罗地亚的移民局官员验查克罗地亚签证，如果一切 OK，就在护照上盖一个入境章，整个过程即告结束。对于这样的过程我已经司空见惯，但这次还是有一点让我感到惊讶。匈牙利的边检人员一看到我持有的是和车上其他旅客不同的护照时，立刻如临大敌，那个认真工作劲，真值得我们公司全体同事学习。又是拿放大镜鉴别"申根"签证的真伪，又是打电话到相关部门核查，估计整个列车检查的时间，在我这里就耗费了 99%。

看见他们如此卖力地工作，我也不好意思起来，于是笑着安慰他们说："你看我的身子骨，也不会跳车，慢慢查好了，别着急。"安慰完之后，我想怎么也要对人家这种认真负责的工作态度进行一下褒奖，一抬手，我就把包里刚才从中国小掌柜那里买的中式盒饭拿了出来。美味怎可独享？还是我一个人吃饭，让认真负责的检查官大人闻闻我中华美食的香味吧。

我们的一项新的签证条例将于今天生效

当我把整个盒饭全部报销，香味也随之消失之后，护照终于返还到了我的手上。接下来的克罗地亚边检倒是没有稀罕在我这里浪费时间，瞧了一眼俺的护照和签证，直接敲章走人。看着手中护照上的克罗地亚签证，我不禁想起了在北京申请克罗地亚签证的经历。克罗地亚驻华大使馆位于北京三里屯外交人员办公楼2-72，距离工人体育场不远。我去的那天还正好是7月1日，下半年开始的第一天。使馆的签证处只有一个窗口，在我之前还有一位手持因公护照办理

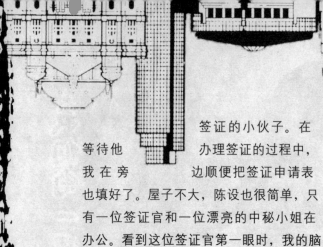

等待他我在旁签证的小伙子。在办理签证的过程中，边顺便把签证申请表也填好了。屋子不大，陈设也很简单，只有一位签证官和一位漂亮的中秘小姐在办公。看到这位签证官第一眼时，我的脑海里立刻出现了电影《瓦尔特保卫萨拉热窝》中的男主角韦利米尔·巴塔·基沃金诺维奇，还真别说，这个家伙和他长的还真很像，蛮帅气的。

说明了我的来意之后，中秘问我是否有来自克罗地亚的邀请函。

"没有邀请函，我只是去旅游，个人旅游。"我实话实说。

"那对不起，没有邀请函，我们不能办理。"漂亮的中秘回答我说。

啊？！我一听，有点晕，旅游签证还要邀请函？估计这签证要泡汤。其实我这次想去克罗地亚有两个目的：一是前南斯拉夫一直就很吸引我，这可能是受小时候看电影的影响；二是我从匈牙利前往同为"申根"国家的斯洛文尼亚，如果走陆路不走克罗地亚的话，那么将要绕行奥地利，不但费时费力，而且这一段的火车票要100欧元，这个价格对于我来说可不便宜，1000多元人民币啊。但是如果没有签证只能选择乘机的话，由于匈牙利与斯洛文尼亚之

间的机票高达 380 欧元，所以这两个城市之间不能直接飞。这样的话，整条线路都要重新设计和调整，所以这个签证对我来说还是非常重要的。

在征得了中秘的同意后，我直接和签证官进行了沟通，告诉他我要去他们国家旅行。在听完我的陈述之后，他将我的护照要了过去，我的心此时也有点忐忑不安起来，倒不是害怕被拒签，而是害怕因为政策的原因不给签。我的护照他看得很仔细，之后他放下护照对着我说："今天是 7 月 1 号，我们的一项新的签证条例将于今天生效。只要申请人持有多次往返'申根'签证，就可以不要邀请函直接申请旅游签证。"听他如此一说，我掉到嗓子眼的心马上就放了下来，长长地出了一口气。不过，当我走出使馆大门的时候，忽然感觉还真有点后怕，此次行程要是不安排在今天之后呢？

生活的本身并不在于拥有多少财富

Zagre
CRC

火车抵达克罗地亚民族文化的摇篮——萨格勒布时，已经是深夜了。刚一下车就看见了一个巨大的彩色市区地图设在了站台旁边。车站是一座地上两层的红砖建筑，比布达佩斯小多了，更是与其友好城市上海火车站没有办法相比。车站的一层设有旅行服务中心、国内和国际车票售票处等各种服务设施，尤其是还有自助存取行李的存包柜。因为防恐的需要，我知道这种柜子在很多西欧国家都已经取消了，从

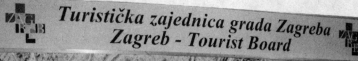

这点上看，这应该是一座非常安全的城市。只是可惜这时候货币兑换中心已经关门了，不过还好，这地方货币与欧元通用（克罗地亚的货币是 KUNA，简称 KN，与人民币汇率大约为1:1.5），所以不换钱也无所谓。

　　既然踏上了这个充满生机和活力的国家，就不得不回顾一下这个国家历史。大约在公元 7 世纪的时候，克罗地亚人的祖先斯拉夫部落（卡奇克人、舒比奇人、斯瓦奇奇人等）移居到巴尔干半岛定居，在公元 10 世纪的时候建立了强盛的克罗地亚王国。不久之后的 1102 年，王国与匈牙利合并，由于威尼斯对达尔马提亚的兼并（15 世纪），克罗地亚领土大减，造成人口外移。其后又换成奥地利哈布斯堡王朝的统治，直至奥匈帝国崩溃。1918 年 12 月，克罗地亚与一些南部斯拉夫民族联合成立塞尔维亚－克罗地亚－斯洛文尼亚王国。1929 年改称南斯拉夫王国。1945 年二战结束后，克罗地亚与南斯拉夫合并，并于 1963 年改称南斯拉夫社会主义联邦共和国。1991 年 6 月

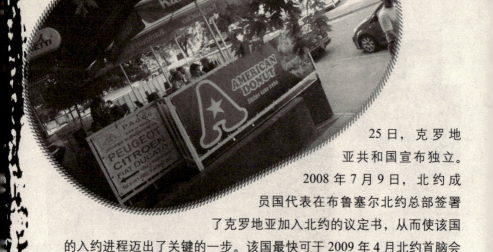

25 日，克罗地亚共和国宣布独立。2008 年 7 月 9 日，北约成员国代表在布鲁塞尔北约总部签署了克罗地亚加入北约的议定书，从而使该国的入约进程迈出了关键的一步。该国最快可于 2009 年 4 月北约首脑会议前成为北约正式成员，这将是北约第一次吸纳西巴尔干地区国家。

克罗地亚境内沿海地区为地中海式气候，而内陆地区则是四季分明的大陆性气候。无论是何种气候，整个国家的绿化很好，早上起床的时候，已经听见窗外的鸟鸣声了。走出旅馆去外面吃早餐的时候，我发现这个并不富裕的国家，很多当地的百姓竟然与巴黎人一样，悠闲地利用早晨的时间在喝咖啡，看报纸。尽管这里的住宅与北京 80 年代的老式住宅没有太大区别，连样式、颜色都几乎一样，但是当地人这种热爱生活、享受生活的态度让我有了一丝惊讶，很难想象在不太长的时间里，这里才刚刚走出战争的阴影。其实想想也是，生活的本身并不在于拥有多少财富，而在于生命本身的价值和对生活的积极态度。

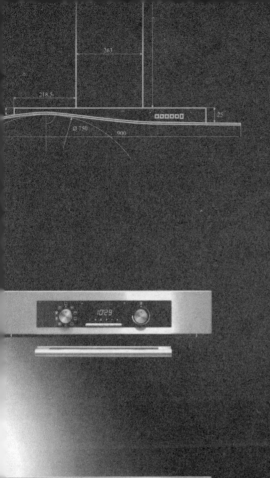

科技改变生活

　　萨格勒布城市很小，分为上、下两个城区，走路是游览这里的最好方式。我了解七、八月间正是欧洲旅行的旺季，但是没有想到打车到酒店的时候，这里竟然比布拉格还火爆，连公用客厅的沙发上都睡满了人。吃惊之余，还是有点庆幸，多亏之前预定了酒店，否则真不知道今晚睡到哪里？住宿的火爆，也意味着这里如诗如画的风景，正不断地被外界所认识，相信在不远的将来，会有越来越多的人来到这里，当然包括喜爱自助旅行的国内同胞。

　　与其他东欧国家一样，有轨电车是这里主要的交通工具，全市共有 17 条线路。购买有轨电车车票的方式除了与其他东欧城市一样（8KN，90 分钟有效），先在车下买好再上车打票之外，这里也可以使用手机短信购票。具体的做法就是乘车之

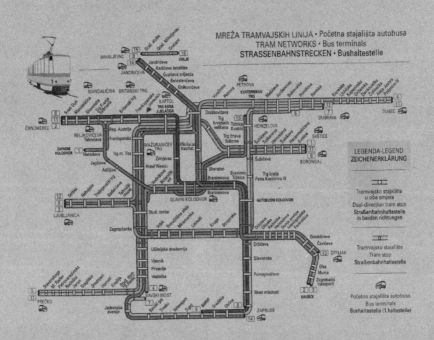

enjoy your stay

and save money

前，乘客只需发送短信到一个
指定的号码，系统会自动回复一条
包含车票验证码的短信，与车下购买的车
票价格、使用规则等都一样。上车之后，如果
遇到有检票员验票，只需出示验证码即可，到了月底，
这笔费用就会随手机话费一起交纳。萨格勒布是继芬兰赫尔辛
基后，欧洲第二个启用短信购票服务的城市，不知道这套省时省
力的系统，什么时候在国内也能够使用，没准儿这还能救 SP 行业
于水火之中。

THE NATIONAL ENGLISH LANGUAGE NEWSPAPER

中国日报 CHINA DAILY

...copia
...ts should
...rate revival

'Economic traveller'
A young Chinese turns his global
trip into an enlightening book
Page 14

Rooney tunes
Wayne Rooney scores twice
to help Man United to the
FA Cup fifth round
Page 15

7742　　　　　　　　MONDAY, JANUARY 31, 2005

Go north, south, east and we

YOUNG MAN

"用头脑去旅行，
用智慧去生活"

He..., Zhu fou...hard to stay
in the country where so many memories
existed at every turn.

So he decided to travel abroad, hoping
that would help him forget his broken
heart.

It was to be his first ever overseas trip.
Before then, "visa" was a word he had
never heard.

His destination was Southeast Asia
– Singapore, Thailand and Malaysia. For
Chinese, the region is one of the most
popular tourism destinations.

He would never have thought this was
merely a prologue.

Within the following four years, he
visited a total of 42 countries. In 2002, he
travelled to 28 countries on four continents
in 77 days with only US$3,000.

Economy class

Zhu was born into a military surgeon's
family in Shenyang, the capital city of
Northeast China's Liaoning Province.

He did not graduate from a regular
university. Instead, he received a three-year
junior college education, while his girl-
friend had a master's degree.

Believing this to be the reason for the
breakup, he was determined to make up
the gap in his educational background.

Soon after he returned from Thailand,
Zhu gave up his enviable job at a multina-
tional company and set off to Britain to
study for a MBA.

It was there that he gradually developed
an interest in travelling.

In the United Kingdom, one of his
classmates from middle school, who was
then studying in Ireland, invited him to
visit Dublin.

The air ticket from London to the Irish
capital cost him 67 pounds (US$126). But
to his surprise, his neighbour in the adja-
cent seat bought the ticket at an extremely
low price — only 1 pound (US$1.89)!

Enlightened by this, he realized that
as a poor student, he could also get such
discounts in many such circumstances.

Making maximum use of sales promo-
tions became one of his most important
guidelines during his travels.

The idea of making an around-globe
tour all started as a bet between Zhu
and one of his British classmates at
Anglia Polytechnic University
in Cambridge.

Be-

...finally got a 775-pound (US
...round-the-world ticket for 682
(US$1,287).

The ticket allowed him to
direction around the world ...
vers, and he arranged the rest
of his itinerary between
each leg.

He also exhaust-
ed all the dis-
counts his student
ID could offer.

Zhu started
from Shang-
hai, the largest
commercial
centre in
China, on July
14, 2002.

His destinations
included France,
Switzerland, Portu-
gal, New Zealand
and Mexico.

Like Phileas Fogg
in Jules Verne's book,
"Around the World in 80
Days," Zhu made his journey
by air, land and sea.

He spent only 11.5 pounds
(US$21.7) on the flight from London
to Athens.

Another time, a two-night stay at a
hotel in Sydney, Australia, cost him
only about US$18.

When he finished the tour 77
days later, only US$3,305.27
had been spent on transporta-
tion and lodging.

But Zhu did not have to rough
it and he did not work part-time
to earn extra money. He did not
sleep in train stations or in small
and shabby hostels to save money.

As a matter of fact, he spent
most nights staying at 3-star or bet-
ter hotels.

"My intention was not to save
money, so I would not sacrifice
comfort. I was just trying to find
a way of spending the least
money to get an equal
service," said Zhu.

He calls himself
an "Economic
Traveller,"
which

...spe...arching and seek-
ing ...

...ence...other Chinese.

Last year, he published a book
titled "Around the world on
US$3,000," in which he
recorded his tour in
detail.

"The market
competition in
China is still
not mature
enough, and
spending
only US$18
on interna-

...to sh...

tional fl...almo...
sible b...
...bi...
...romo...

The book has been thrilling
readers, especially young peo-
ple who are planning to travel
abroad themselves.

Within about six months,
the book had sold more than
200,000 copies.

Encouraged by the success,
Zhu has written a sequel,
which is published by Jieli
Publishing House and sched-
uled to hit the shelves in early February.

Titled "How I got 40 visas," the new
book mainly focuses on his contact with
embassies.

"Many Chinese do not know how to
deal with embassies. By reading my book,
they will find that it is not as difficult as
they expect," said Zhu.

He is also planning to spread his
ideas of "economic travel"
nationwide.

His company, which he
established in Beijing
last year, is now
sponsoring
a "budget
travel
compe-
ti-

Zhu Zhaorui in Cairo, Egy...

tion.
Zhu
than 1
expres...
the wo...
some i...
Win...
Best...
vital in...
He a...
is not c...
an opp...
perspe...
Spee...
change...
walk in...
has be...

The World
...'s has
...usehold
...decades.

...oung
...man has
...a book
...global trip
...en other
...as Jin
...finds out

		B 241 1,2 R ①	EN 269 1,2 R ①	EC 465 1,2 R ②	EC 111 1,2 R ✕ ①		
MÜNCHEN Hbf	p	**23.45**			**7.26**		**15.26**
Salzburg Hbf	d	1.21			8.58	12.54	16.54
		B 297 1,2 R					EC 315 1,2 R ✕
SALZBURG Hbf	p	1.38			9.04	13.04	17.13
Bischofshofen		l			9.53	13.51	17.58
St. Johann im Pongau	p	l			10.01	14.01	18.06
Schwarzach-St. Veit	d	2.27			10.07	14.07	18.12
Zürich	p			21.40			
Innsbruck Hbf				1.43			
Schwarzach - St. Veit	d			3.55			
				B 415			
Schwarzach-St. Veit	p	2.29	4.30	10.10		14.10	18.13
Bad Hofgastein		l	4.47	10.29		14.29	18.32
Bad Gastein	p	5.02	10.42		14.42	18.45

这是一座很适合自助旅行的城市，本身很小，景点集中，一天的游览时间富富有余。旅行的最佳起点是与火车站连在一起的托米斯拉夫广场，很多著名的景点也在这个广场附近。不过，在开始之前，还是老规矩先把火车票定下来。从萨格勒布前往卢布尔雅那的火车平均每两个小时就有一班，从早上 5:30 开始，一直到 23:40 结束。全天共有 7 班，票价 13 欧元。根据旅行安排，我最终选择了 18:10 开车的 B414 次，20:31 抵达卢布尔雅那，第二天 8:20 到终点瑞士的金融之城苏黎世。

买好车票之后，走出车站，正要开始我的萨格勒布之旅，忽然听

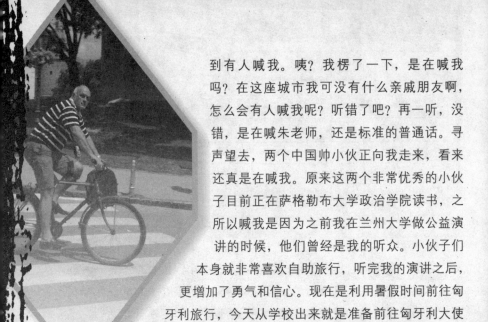

到有人喊我。咦？我楞了一下，是在喊我吗？在这座城市我可没有什么亲戚朋友啊，怎么会有人喊我呢？听错了吧？再一听，没错，是在喊朱老师，还是标准的普通话。寻声望去，两个中国帅小伙正向我走来，看来还真是在喊我。原来这两个非常优秀的小伙子目前正在萨格勒布大学政治学院读书，之所以喊我是因为之前我在兰州大学做公益演讲的时候，他们曾经是我的听众。小伙子们本身就非常喜欢自助旅行，听完我的演讲之后，更增加了勇气和信心。现在是利用暑假时间前往匈牙利旅行，今天从学校出来就是准备前往匈牙利大使馆办理签证。弄清楚原因之后，我不禁由衷地感到高兴，当年自己辛辛苦苦走遍祖国的 100 所大学，公益演讲"用头脑去旅行，用智慧去生活"。没有想到几年时间不到，当年播下的种子，现在已经开始发芽结果。就在有人还在喋喋不休地争论旅游和旅行的区别时，他们两个已经勇敢地走出去了。这两个小伙子的眼界与我那时肯定有很大的不同，一定比我走得更远飞得更高！

遇到他们也让我感叹到我们居住的星球原来是如此之小，在地球的这边相识，我们却在地球的那一边相遇。随着时代科技的发展，时间与空间已经不是什么问题了，地球村的概念也越来越有其实际意义。能够在远离祖国的异国他乡相遇，本身就是一种缘分，真应了"人生何处不相逢"这句话。

看见他们，我想起自己当年在英国留学的时候，或许是因为太过于年轻，太过于对这个世界充满好奇，亦或是太过于想

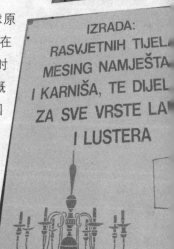

Croatia

Zagreb

Zagreb
CROATIA

Razgled grad.
City Tour

了解外面的世界，我背起行囊选择了旅行。一路走过山川，走过江河，走过故事，走过旅途中所有的人和所有的感悟，金钱和时间皆不允许我在一个地方停留太久，只好暴走般地走遍世界，这是旅行。也许有一天等我老了的时候，我也会静静地停下来去看海，去看山，去寻找一处两个人都喜欢的世外桃源，让思维在不同的景物中变成回忆，回味曾经发生的故事，回味现在创业的艰难和执着，回味发生过的一幕幕往事，这是旅游。

POLAZAK svaki dan u **10,00** sati, Bakačeva (kod katedrale)
DEPARTURE every day at **10,00** am, Bakačeva st. (next to cathedral)

CIJENA PRICE **165 kn** po osobi per person

POPUSTI ZAGREB CARD **-20%**
DISCOUNTS djeca do 2 godine - **besplatno**
children under 2 years - **free**
djeca od 2-12 godina u pratnji odrasle osobe **-20%**
children 2-12 years accompanied by adult **-20%**

PRODAJA KARATA rezervacije i obavijesti u hotelima, putničkim agencijama i turističkim informativnim centrima
TICKETS reservations and information at hotels, travel agencies and Tourist Information Centres

ili telefonski: or by the phone:
+385 (0)1 3694 333

Tourist Board

Zagreb

这里完全可以用**喧闹**两字来形容

萨格勒布这座中欧历史名城，位于萨瓦河西岸、梅德韦德尼察山脚下。整座城市由三部分组成：教堂、市政厅等古老建筑组成的老城；广场、商业区、歌剧院组成的新区以及二战后发展起来的现代化市区。这座博物馆众多的城市，其人均面积比世界上任何一座城市都多。从火车站前的托米斯拉夫广场一直前行，道路两边就会出现多座各式各样的博物馆，足以让喜欢逛博物馆的人大呼过瘾。在这座种满了鲜花的广场中间，矗立着克罗地亚最初的国王托米斯拉夫的骑马雕像，在夏日阳光的照耀下显得非常英俊，象征了这个民族不屈的精神。在雕像后边的广场椅子上，坐满了情意绵绵的情侣、开心的孩子以及怀才不遇的街头音乐家。

继续前行，穿过斯托罗斯迈耶罗夫广场和兹里尼

斯科加广场，就到了这座城市的心脏——共和国广场（耶拉西奇广场），上城和下城的分界线就在这个地方。这座广场最初形成于 17 世纪，是这座城市的发源地。站在后边的高处山丘往下看，这里正好处于"沟"的附近，而"萨格勒布"的意思本身就取自"沟"、"壑"之意。长方形广场周边许多建造于 20 世纪的巴洛克式建筑，像一面墙一样将广场围在中间，这些建筑物的底层皆为一家挨着一家的书店、餐厅、时装屋、咖啡吧等，显示出这座城市古老与现代的融合。这里同时也是有轨电车的枢纽站，从下城区开来的电车会在此站分开，各奔东西。站在这里不大一会儿就能完全感受到这个民族热情奔放的性格特点，此起彼伏的叫卖声、电话声好似一座热闹的集市。与英国的安静相比，这里完全可以用喧闹两字来形容。

美景
值得一生回忆

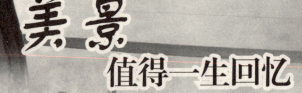

PRESBURG
CULINARIA DOMESTICA

全市最大的旅游信息中心之一也　　在广场旁边，里面提供各种
旅行信息和免费地图。　　　　　工作人员的态度也非常
亲切，乐意回答各种　　　　　　问题，一进来就会
使人有种宾至如归的　　　　　　感觉。这里的地图
质量一点儿也不亚于布　　　　　拉格，简单实用，
甚至印刷质量也有过之　　　　　而不及。在这里左
手边有家银行，兑换率　　　　　不错，而且不收手续
费。横穿这座广场的　　　　　　是萨格勒布最繁华的伊利卡大
街，在这条街上集中　　　　　　了许多商店和餐厅，是萨格勒
布最主要的商业街，　　　　　　多条有轨电车在这里穿行。大街
中部与托米西瓦街交界　　　　　的地方，右手有一座老式铁缆车，
将山上的老城与山下的　　　　　新城连接在一起。其上边紧接老城的
是洛特尔萨克塔（LOTRSCAK TOWER)，登高极目远眺，整个萨格勒

Michalská 4, Bratislava —×××— Reservé: 00421 2 5443 8455

presburgrestaurant.sk

288

布尽收眼底，美景值得一生回忆。

　　一次搭载20人的城市观光游览车也从这里的"BAN CAFE"前发车，几十分钟就可逛遍全城。穿过共和国广场，沿Bakaceva街一直往山上走，五分钟内就会走到建于13世纪的"圣母升天大教堂"(The Cathedral of the Assumption of the Blessed Virgin Mary)。这座教堂拥有两座哥特式100多米高的尖顶塔楼，在市区很远的地方就可以看

到。巴罗克式风格的门拱，以及门口金光灿灿的圣母雕像，都给我留下了深刻印象，这里是无数游人到萨格勒布参观的首选之地，我也没能免俗地在这里照了张个人照。

"萨格勒布胃袋"

这座大教堂对面不远的地方，沿着小巷就会走到称之为"萨格勒布胃袋"、从1926年开始就在这里营业的青果市场(Dolac)，也就是我们所说的农贸市场。在这座现存市场中开业时间最长的集市里，从来都是人山人海，热闹非凡。市场里出售的商品从瓜果蔬菜到鸡鸭鱼肉；从服装百货到土特产品以及鲜花小吃应有尽有。克罗地亚的特色食品——羊奶酪在这里也可以找到，

且价格绝对比广场上便宜。这里是一个补充"弹药"的好地方，尤其是这里的水果，价格便宜不说，还非常新鲜可爱，绝对适合补充旅行途中所需要的营养。每到周五，这里就更加热闹，到时候可以买到刚刚从海边运送过来的新鲜海鲜。这条俗约是遵照当地的宗教风俗，只有周五的时候才可以吃鱼而制定的。可惜在这座城市我们并没有打算做饭，所以只好放弃了"狂买"的

想法，做了一回观光客。当然这里也是购买克罗地亚旅游纪念品的好地方，银制的纪念盘，木制的酒壶等，都可以在这里寻到。

接下来的时间里，我继续穿行在上城区古老狭窄的小巷里边，准备前往建于 13 世纪时的哥特式教堂——圣马克教堂。小巷两边古香古色，虽然已是中午时分，但非常宁静，也没有见到太多行人。走在这种小巷之中，除了两旁的建筑之外，我最喜欢的就是街道两旁的各种 LOGO。这次东欧之行，一路走来，我大概也拍摄了几百个造型各异、形状不同的小标志，放在一起，连我自己都惊呼绝对惊艳。这些标志不仅代表了一个国家，一个地区的相关历史和文化，而且也带来了一种美的享受。可惜本书是黑白版，要是彩色版的话，那一定会有巨大的冲击。等找个时间，看如何把这些小物件都放到公司的网站上去吧，希望到时候大家前来欣赏。问题是我自己还不知道如何放。

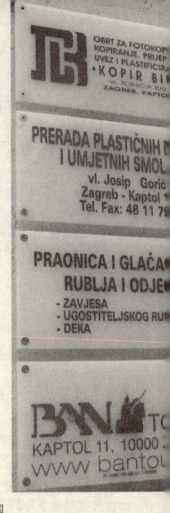

带走的是一片深情和祝福

前面的一处黄色建筑，其外表与其他建筑并无特别之处，但当我走进一看时，里面的空间还真不小，一下子让人豁然开朗起来。原来这里是一处小规模的时尚艺术中心，很多艺术家的作品都在这里陈设。当我们带着摄像机器准备进去看一看时，门口的保安拦住了我们，很有礼貌地告诉我们，这里不允许拍摄，所以也不能带相关机器入内。对于这种状况，在经历了《299美金》的拍摄过程之后，我已经有了心里准备。有些地方为了保护隐私或者版权的需要，是有不允许拍摄的规定，对于这种规定，尊重就可

以了。

就在准备离开

之时，忽然从里面走

出了一位男士，请保安叫住

了我们。

原来这位男士是这里的市场部经理，看见

我们长着亚洲面孔"长枪短炮"进来，比较惊讶。情况了

解之后，他非常热情地欢迎我们入内，不仅可以随便拍摄，而且还主

动热情地和我聊起了天。我们的话题也随之展开，从目前这里百姓的

生活环境，到对即将加入欧盟的期待和对中国的了解，最后的话题自然落到了即将举行的北京奥运会。他介绍说他非常热爱体育，也知道中国，虽然没有去过，但是知道中国是个大国，与克罗地亚非常友好。他甚至还告诉我他们的总统也是一位体育迷，即将和克罗地亚运动员一起前往北京参加奥运会开幕式，这可是有史以来他们国家派出的最大奥运代表团。作为东道主，我理所应当地表示欢迎和祝愿克罗地亚代表团在本届奥运会上取得好成绩。

这里拍摄完毕之后，他告诉我说，希望我们能去拍摄一下离这里不远的萨格勒布博物馆，那里展示着很多从克罗地亚出土的陶器、化石、雕塑以及不同文化时期的艺术藏品。他很希望通过我们的电视节目让更多的中国人民了解克罗地亚，了解克罗地亚文化和历史。面对这样一位普通克罗地亚人提出的请求，好像我们找不出什么理由应该拒绝。抵达博物馆之后，他与他的助理亲自与馆长进行了沟通，看的出来，他们之前还并不相识。当馆长知道事情的前因后果之后，也表现出了极大的热情，不仅全程陪同并进行讲解，而且在我们离开的时候，还准备了一份精美的礼物送给我们留作纪念。面对这些普通克罗地亚人的热情，我深深地被感动。离开的时候，我们带走了一片深情和祝福，留下的是欢迎他们来中国旅行的愿望和送给我们的礼物。

在又继续参观了建于中世纪的圣马可教堂等景点之后，看看距离火车开车还有一段时间，我又采用了老办法，跳上了这里的有轨电车，让自己的思绪在叮叮当当声中回味。这是一座充满历史与文化的古城，也是一座经历过苦难与战争的城市，在这片曾经孕育出无数历史名人的土地上，乐观向上的克罗地亚人正在书写着历史的新篇章……

第十一章　斯洛文尼亚

拥抱简单
的大自然生活

从萨格勒布乘火车到卢布尔雅那的途中，两岸的风光非常秀丽，与挪威的峡湾风光可以媲美。在森林茂密的群山之中，无数瀑布越过层层山堤，连成一个个美如童话仙境的湖泊。湖水碧绿清澈，湖畔周围古堡耸立，远处的群山层峦叠嶂，自然与人文相映成趣。要想欣赏到这些美丽的风景，最好坐在车厢的左手。

人数仅 200 万，位于欧洲大陆中南部，巴尔干半岛西北端斯洛文尼亚，西接意大利，北邻奥地利和匈牙利，东部和南部与克罗地亚接壤，西南濒亚得里亚海。境内 52% 的面积被茂密的森林所覆盖，绿化率在欧洲各国仅次于芬兰和瑞典，被誉为"中欧的绿宝石"。西北部为斯洛文尼亚阿尔卑斯山地，南部为石灰岩高原。德拉瓦河与萨瓦河上游流经于此，河谷平原占全国总面积五分之一。有"冰湖"之称，位于斯西北部阿尔卑斯山南麓的布莱德湖，则是该国著名的旅游胜地。由于地理位置的特殊，周边国家奥地利、

river
HOUSE music & cocktails & restaurant

匈牙利、意大利、法国等多种文化在这里交汇，巴洛克式、哥特式、文艺复兴式等不同时期不同风格的建筑在城镇之间随处可见。再加上清澈的湖泊、碧蓝的亚得里亚海、众多的温泉和星罗棋布的溶洞，这一切都吸引着来自世界各地的游行者。

面积 20273 平方公里的斯洛文尼亚历史与克罗地亚有些相似，也是在大约公元 6 世纪末的时候，斯拉夫人迁移到了这里。之后在相当长的历史岁月中，这里都处于德意志帝国和奥匈帝国的统治之下。1918 年底，斯洛文尼亚与其他一些南部斯拉夫民族联合成立塞尔维亚人－克罗地亚人－斯洛文尼亚人王国，1929 年改称南斯拉夫王国。1945 年，在赢得二战的胜利后，于同年的 11 月 29 日宣告成立南斯拉夫联邦人民共和国（1963 年改称南斯拉夫社会主义联邦共和国），斯

Drugačen ambient.....
Drugačna ponudba.....
Drugačna postrežba....

Mesto, kjer štejejo detajli.

洛文尼亚为其中的一个共和国。1991 年 6 月 25 日，斯议会通过决议，宣布脱离南斯拉夫社会主义联邦共和国成为独立的主权国家。1992 年 5 月，斯洛文尼亚加入联合国。2004 年 5 月 1 日，斯成为欧盟和北约的正式成员国。

　　说来还很有意思，一开始让我对这个风景秀丽的国家留下深刻印象的竟然还是他们的前总统雅奈兹·德尔诺夫舍克博士。这位 58 岁的年轻总统很有才气，早年毕业于斯洛文尼亚马里博尔经济学院，获得经济学博士学位，后来又于 1994 年获得美国波士顿大学荣誉法学博士学位。总统不仅在政界和商界以及教育界颇有建树，而且在图书界也非常有名，是斯国著名的畅销书作家。其出版的第一本书《生活和意识思考》，就让他完成了由 疯狂追求物质满足到追求心灵宁静的痛苦过程。在其后出版的第二本畅销书《世界的本质》中，他的思想更加开

放，甚至宣称
地球会在20
年内爆发毁灭
性灾难，从而人
类走向"世界末
日"。

　　而导致他如此
大的思想改变是因为
在其上任时，被检查
出患上了癌症。自从被
查出癌症之后，这位总统
就换了一种生活方式，不
仅搬出了首都卢布尔雅那豪
华的总统府，搬到了扎普兰纳
地区的一个山村棚屋中，和自
己的宠物狗单独生活在一起。而
且还宣布放弃医学治疗，转而依
靠健康的生活方式和食疗来维护身
体的健康，每天只吃有机水果和绿
色蔬菜。除此之外他还在棚屋中亲
自烘烤面包为食，试图彻底融入大
自然的环境，靠健康的生活方式来治
疗疾病。据当地媒体报道，他们这位
亲爱的总统与以前相比仿佛彻底变了
一个人，不仅自己如此生活，而且还向
自己的国民发出呼吁，拥抱简单的大自然
生活。

这下不用再换钱了

如果说萨格勒
布的火车站很小
的话，那么卢布
尔雅那的车站只，

...njo za območje grajskega ...o. šča in prostorov
...idden at the area of Ljubljana Castle

能用袖珍二字来形容了。不过小有小的好处，一出火车站，就是长途汽车站的站台，二者都小到融在一起了。到了斯洛文尼亚，就不用再找地方换钱了。因为在 2007 年 1 月 1 日的时候，欧元区迎来了第 13 个成员国，这就是斯洛文尼亚。

　　随着拥有约 200 万人口的斯洛文尼亚加入欧元区，欧元区人口扩大到 3.16 亿人。欧元区其他 12 个成员国为奥地利、比利时、法国、芬兰、德国、希腊、爱尔兰、意大利、卢森堡、荷兰、葡萄牙和西班牙。

　　在 2004 年新加入欧盟的 10 个中东欧国家中，斯洛文尼亚成为了第一个使用欧元的国家。

　　在 2007 年新年到来的时候，斯洛文尼亚人用了大约 3000 只印有欧元标志的黄色和蓝色气球飞向天空，来庆祝正式加入欧元区。也就是从这一天起，欧元正式进入了斯寻常百姓的生活。在斯国内，有高达 70% 的民众渴望加入欧元区，因为大家知道这必将极大地促进斯洛文尼亚与其他欧元区国家金融市场的融合，使其由于经济稳定和汇率风险的降低，而吸引外来投资者前来投资。投资的增加，又可以极大地带动本国经济的大力发展，从而增加就业率，使社会保持稳定。

　　同时加入欧元区也等于加入了一个统一的大市场，不仅有助于扩大斯洛文尼亚与其他欧元区成员国之间的经贸往来，而且还节约了国际支付中的换汇成本，当地百姓或者向我这样的外来游行者在欧元区

305

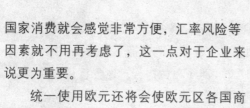

国家消费就会感觉非常方便，汇率风险等因素就不用再考虑了，这一点对于企业来说更为重要。

统一使用欧元还将会使欧元区各国商品之间的价格非常透明，从而推动欧元区内的商品价格趋于一致，并向低端靠拢，带动总体物价水平的下调，这对老百姓来说尤为重要。也正是由于这其中蕴含着如此巨大的经济利益，所以斯洛文尼亚政府才动作迅速，入盟 3 年之后，就实现了目标。还有一点更重要的是加入欧元区后，通常情况下也会被视为融入欧洲主流国家的标志，这一点也与斯洛文尼亚目前的外交发展方向非常吻合。

购买世界名牌的最佳时机

关于下一站交通方式的问题，在出国之前就已经安排好了，因为又要动用飞机了，而这应该是我的长项。斯洛文尼亚是此行最后一个东欧国家。由于斯、中两国目前还没有开通直航，所以按照常规的飞行线路来说，那就是从首都卢布尔雅那先飞到欧洲的一个转机枢纽，比如说巴黎、伦敦、法兰克福等城市，之后再从这个枢纽不出机场（一般情况下，不允许停留，除非加钱）直接转机飞往中国。但是对于我来说，不出机场可不行。

在购买国际机票的时候，一般情况下，往返相同的点或者相同的区域是最便宜的。但问题是卢布尔雅那与我在欧洲首航点伦敦并不属于一个区，所以这票要是出成开口的话，价格会增加很多。因此我还是飞回伦敦为好，不仅价格便宜，而且我还想回到伦敦旁边的剑桥看一看，毕竟我把最美好的青春留在了那里。

还有一点就是最后从欧洲回国的时候，我也要买些东西带回来。这个季节可是欧洲一线名牌打折的季节，性价比非常高。若是在国内买这些名牌那可要亏大了，每年在这个季节和圣诞节之后采购，是购买世界名牌的最佳时机。

这让我觉得又好气又好笑

　　我查询了一下，7 月 31 日有很多航班从卢布尔雅那飞伦敦。航班不是问题，可几百欧元的机票却是问题，不是花不起，是觉得不值，不想也不愿意花这个冤枉钱。前几天，有位朋友到公司请我帮助他设计一条欧洲自助旅行的行程。当我按照他的要求把报价给他时，他当时感到特别惊讶，指着其中的一段，从圣彼得堡到法兰克福的单程机票告诉我说，仅这一段就有人向他报价 8000 元人民币，真是晕死！

　　查询之后，看来从卢布尔雅那直飞是没戏了。这没关系，反正我是旅行，多去个地方少去个地方无所谓。这斯洛文尼亚命好，虽然自己目前还是一个中等水平的国家，但是它的两个邻居都比较富有。邻居越富有，说明市场经济越充分，因而机票也可能越便宜。我在脑海里搜了一下这些富邻居们的机场，几条线路比较下来，心里马上就有数了，一条让我自己非常开心的理想线路出来了。

　　先来说说起飞时间吧。在《3000 美金》一书出版之后，有人说我之所以能够飞遍世界，是因为乘坐的全是"红眼"航班，就是凌晨三、四点起飞的那种航班。这让我觉得又好气又好笑，要真是这么飞的话，我估计自己 77 天走下来早牺牲在半路上了。天天睡飞机，怎么保证休息得好呢？这次东欧之行以及《299 美金》里面的 11 段飞机起飞时间，已经说明了一切。

avoid queues. check in online

又找到一张 🌀 美丽的机票

因为我要先从卢布尔雅那乘坐陆路交通离开，之后才能换乘飞机，所以起飞时间不能太早，否则来不及。还有就是，既然到了其邻国的城市，就算是蜻蜓点水，也要"到此一游"。因此起飞的时间还不能是下午，最好是在晚饭之后。在当地餐厅喝好吃好之后，直接上机走人，还省却了在飞机上花钱买吃喝的麻烦。

根据这一条，那么我找到的这张机票首先是符合时间的，晚上 8 点多前往机场，23：30 落地英国伦敦。时间堪称绝配，可以有一整天的时间自由安排。之后再来看看价格，大家都已经知道答案了，对于这个价格谁还能挑剔？！这两点都没有问题之后，接下来要考虑的就是加上时间成本和陆路交通成本，是否依然值得前往。

浪漫
意大利

Veneto
Tra la terra e il cielo

距离世界著名机场的"水城"威尼斯仅有一个小时的车程,威尼斯人经常"使用"这里飞往欧洲各地。意大利著名的小提琴家——朱里亚诺.卡米诺拉(Giuliano Carmignola)就出生在机场所在的区域——特雷维索。如果在逛遍东欧之余,能顺路前往柔情似水而又风情万种的水城去感悟一下意大利的风韵,应该是种不错的选择。

当年我周游世界来这座城市的时候,就被她的魅力所吸引。与我国苏州结为"姐妹城"的这颗镶嵌在美妙长靴腰上的水晶,在亚得里亚海的波涛中熠熠生辉。徐志摩笔下忧伤的叹息桥,世界上最美的广场之一——圣马可广场;毁于火中又重生的凤凰歌剧院,伟大的文艺复兴和拜占庭式建筑等,都坐落在这里。再加上纵横交错的水道和运河边上的188个小岛,以及将各个岛屿之间错落有致连接起来的各式桥梁,均汇成了这座历史文化名城独有的生活交响曲。其独有的艺术气氛令每年成千上万来过这里的人恋恋不舍,终生回忆。而从卢布尔雅那前往这里,陆路交通的费用还不到20欧元,所需时间约4个小时。

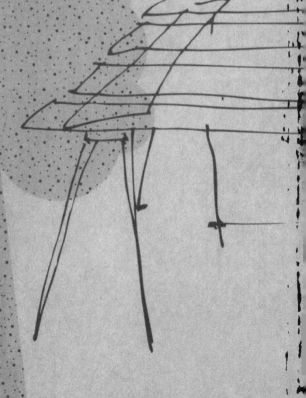

Ob primeru nakupa vam nasmeh podarim zastonj

欧洲的"窗"

位于萨瓦河上游，群山环抱盆地之中的卢布尔雅那在之前的欧洲最佳旅行城市评选上，一直默默无闻。但是在近两年，媒体举办的各项奖项中，这座仅有 30 万人口的袖珍小城却屡屡上榜，成为众多旅行爱好者的首选，被评为欧洲生活最悠闲的城市之一。这座城市尽力让自己在安静的同时又不乏活力，几乎每个人都会讲英语的优势，让人感觉它原本就不应该被划入"东欧"。如果说在萨格勒布的旅馆中，游客睡在公用客厅的沙发上还是可以接受的话，那么在这里却已经没有这么好的待遇了，对不起只能改睡在公用客厅的地板上。当然睡在地板上，也不能免费，这也许就是没有提前预定的代价。办好手续进到房间里的时候，我很庆幸自己作出了一个正确的决定。

　　与我国成都市结为友好城市的卢布尔雅那是一座多雾的典型中欧城市，而且也是世界上最早在市区的街道上安装供暖设备的城市，所以这里在冬天的街道上看不到一丝冰雪痕迹。自古以来就是交通要道，目前仍是通往意大利、奥地利、巴尔干诸国的国际铁路枢纽。据记载约在公元前 34 年左右，罗马人就在此建城。后来在公元 6 世纪末时，斯拉夫人将城市扩展至卢布尔雅那河，这座城市因此更名至今。在1517 年和 1895 年的两次大地震之后，只有公元前三、四世纪的罗马古城遗址、1702 年建的音乐馆等一些重要的建筑保存下来了。受近邻奥地利和意大利的影响，卢布尔雅那在震后先后

Pizzicato

Restavracija

Gornji trg 33, 1000 Ljubljana
telefon: 00386 1 25 11 118
email: rezervacije.pizzicato@email.si
www.pizzicato.si

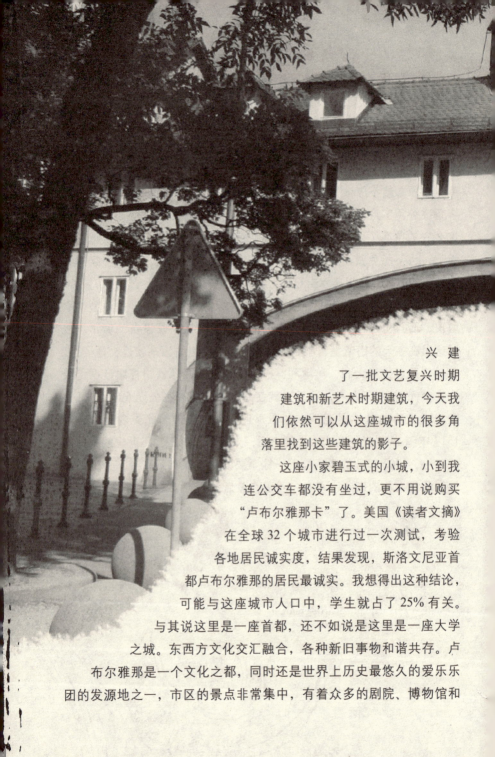

兴建
了一批文艺复兴时期
建筑和新艺术时期建筑，今天我
们依然可以从这座城市的很多角
落里找到这些建筑的影子。

这座小家碧玉式的小城，小到我
连公交车都没有坐过，更不用说购买
"卢布尔雅那卡"了。美国《读者文摘》
在全球 32 个城市进行过一次测试，考验
各地居民诚实度，结果发现，斯洛文尼亚首
都卢布尔雅那的居民最诚实。我想得出这种结论，
可能与这座城市人口中，学生就占了 25% 有关。

与其说这里是一座首都，还不如说是这里是一座大学
之城。东西方文化交汇融合，各种新旧事物和谐共存。卢
布尔雅那是一个文化之都，同时还是世界上历史最悠久的爱乐乐
团的发源地之一，市区的景点非常集中，有着众多的剧院、博物馆和

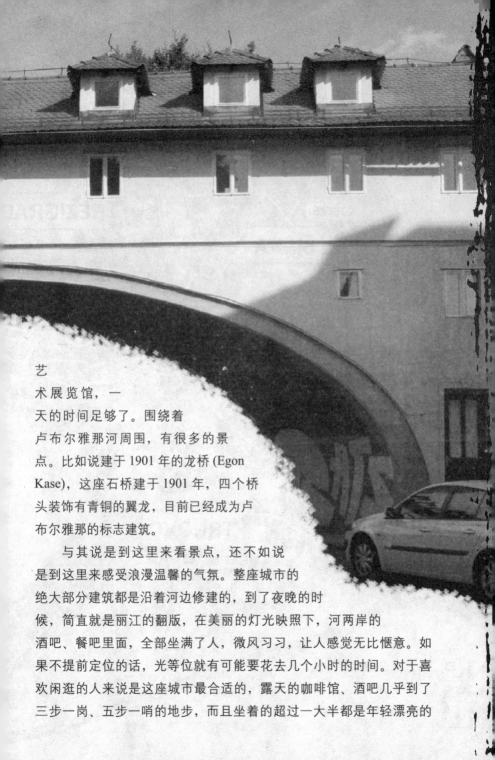

艺

术展览馆，一

天的时间足够了。围绕着

卢布尔雅那河周围，有很多的景

点。比如说建于 1901 年的龙桥 (Egon

Kase)，这座石桥建于 1901 年，四个桥

头装饰有青铜的翼龙，目前已经成为卢

布尔雅那的标志建筑。

　　与其说是到这里来看景点，还不如说

是到这里来感受浪漫温馨的气氛。整座城市的

绝大部分建筑都是沿着河边修建的，到了夜晚的时

候，简直就是丽江的翻版，在美丽的灯光映照下，河两岸的

酒吧、餐吧里面，全部坐满了人，微风习习，让人感觉无比惬意。如

果不提前定位的话，光等位就有可能要花去几个小时的时间。对于喜

欢闲逛的人来说是这座城市最合适的，露天的咖啡馆、酒吧几乎到了

三步一岗、五步一哨的地步，而且坐着的超过一大半都是年轻漂亮的

Sava

MB

oznica - RING

OSTE

FUŽINE

Ljubljanica

Ljubljanska obvoznica - RING

NIK

ZG

PROVIN
vinoteka

Slovenčeva 97

女孩。白天还是安安静静的城市，到了夜晚一下子会变得人山人海起来，尤其是卢布尔雅那河边两岸，到处都充满了喧闹的声音，一直持续到凌晨。

卢布尔雅那的精妙之处总是蕴藏于不经意之间，清澈秀美的河水款款穿城而过，给这座城市增添了几分通灵清秀之气。整个一下午我都闲逛在这座恬静与安详的城市之中，这里虽然被我比喻为"欧洲的丽江"，但是绝没有丽江的喧嚣、浮躁，空气中也闻不到赤裸裸的金钱味道，使我很有心情去细细品味她独特的情致和风韵。拥有千年历史的这座"小资"之城处处让我觉得平和、随性、清幽、温馨而不失活力，没有人工雕琢的一丝痕迹，一切源于自然。除此之外还有一点淡淡的书香味道，这正是我喜欢的地方。

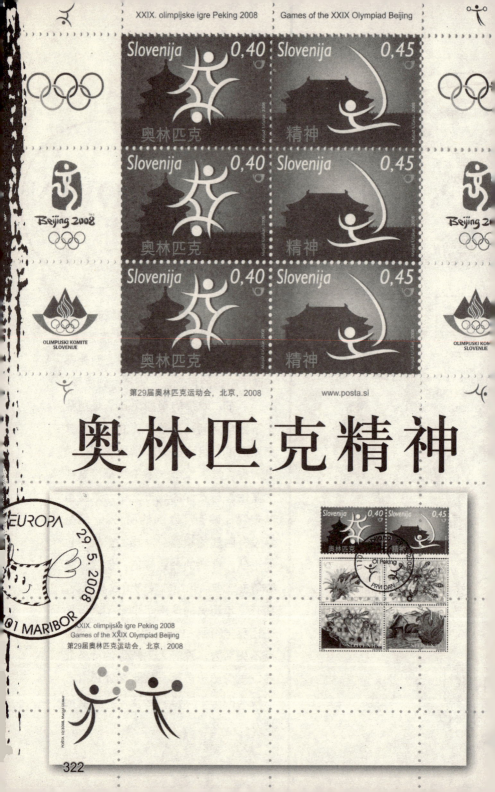

　　闲逛之间，走进了卢布尔雅那的一间邮局。
虽然我不是狂热的集邮爱好者，但当我行走于世界
各地时，看到自己喜欢的邮票，总是会毫不吝啬地购
买下来。一张小小的邮票会反映出一个国家的历史、文
化、风俗习惯甚至设计水平和设计工艺等很多方面，这会
让我从中学到不少知识。在周游世界过程中，每当抵达一些如
欧洲大陆最北点、哈佛大学等比较有意义的地方时，我都会买一
些明信片和特色邮票，除了寄送给自己之外，朋友、同事等我也
会一并寄送给他们，希望把旅途中的喜悦与所有的朋友们分享。

　　邮局出售邮品的地方很精致，在不多架子上摆放了很多精美
的邮票。这些邮票设计巧妙，印刷精美，充分反映了斯洛文尼亚
的设计水准。在一大堆精美的邮册中间，无疑斯洛文尼亚 2008 年
5 月 29 日限量发行的 18 万枚北京奥运会邮票深深吸引了我。能

okrat dve znamki EUROPA

In This Year Two EUROPA Stamp
In diesem Jahr zwei EUROPA-Briefmarke

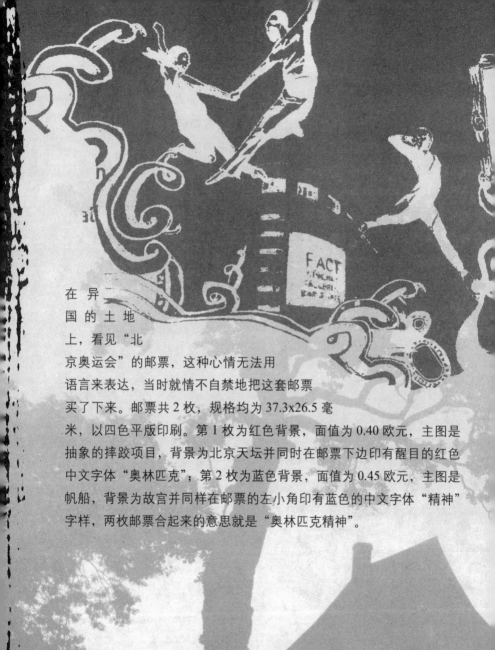

在异
国的土地
上，看见"北
京奥运会"的邮票，这种心情无法用
语言来表达，当时就情不自禁地把这套邮票
买了下来。邮票共 2 枚，规格均为 37.3x26.5 毫
米，以四色平版印刷。第 1 枚为红色背景，面值为 0.40 欧元，主图是
抽象的摔跤项目，背景为北京天坛并同时在邮票下边印有醒目的红色
中文字体"奥林匹克"；第 2 枚为蓝色背景，面值为 0.45 欧元，主图是
帆船，背景为故宫并同样在邮票的左小角印有蓝色的中文字体"精神"
字样，两枚邮票合起来的意思就是"奥林匹克精神"。

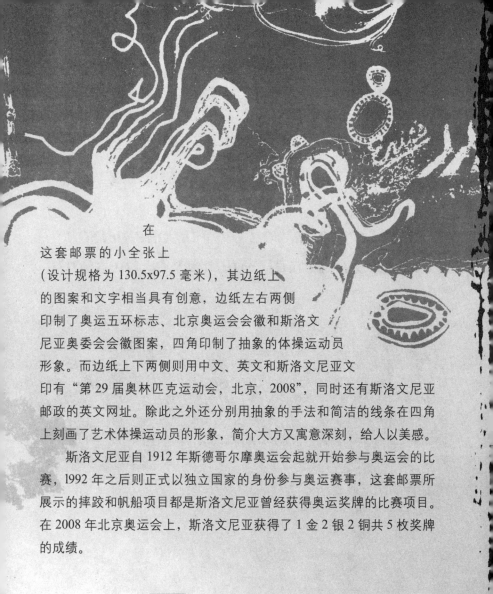

在
这套邮票的小全张上
（设计规格为 130.5x97.5 毫米），其边纸上
的图案和文字相当具有创意，边纸左右两侧
印制了奥运五环标志、北京奥运会会徽和斯洛文
尼亚奥委会会徽图案，四角印制了抽象的体操运动员
形象。而边纸上下两侧则用中文、英文和斯洛文尼亚文
印有"第 29 届奥林匹克运动会，北京，2008"，同时还有斯洛文尼亚
邮政的英文网址。除此之外还分别用抽象的手法和简洁的线条在四角
上刻画了艺术体操运动员的形象，简介大方又寓意深刻，给人以美感。

　　斯洛文尼亚自 1912 年斯德哥尔摩奥运会起就开始参与奥运会的比
赛，1992 年之后则正式以独立国家的身份参与奥运赛事，这套邮票所
展示的摔跤和帆船项目都是斯洛文尼亚曾经获得奥运奖牌的比赛项目。
在 2008 年北京奥运会上，斯洛文尼亚获得了 1 金 2 银 2 铜共 5 枚奖牌
的成绩。

To the world you may be one person,
but to one person you may be the world

除了这套具有特殊的意义邮票之外，还有一套设计独特、浪漫温馨的邮票吸引了我。在全世界国家中，斯洛文尼亚的英文书写"SLOVENIJA"应该是最为独特的，因为在其国名中包括了四个特殊的字母，而这四个字母恰巧又连在了一起，其所表达的意思又是全世界所有人都毕生追求的和最想得到的，这就是"LOVE"。爱是一个伟大深厚的主题，是一个永远都讨论不完的话题，每个国家和民族都会用自己独特的方式表达和传递"爱"。"我爱你"这三个字用斯洛文尼亚语表达出来就是："Ljubim te"。也正因为如此，斯洛文尼亚邮政部门匠心独具，巧妙地将国名中所包含的这4个连续字母"love"用特殊字母标示，并从2003年开始，在每一年的"情人节"前都会发行一张关于"爱"的主题邮票。

2003年1月21日是其发行的第一枚情人节邮票。这枚由Jelka Reichman设计的邮票是枚方形邮票，规格为44×44mm，发行量为12万枚，面值180特拉。邮票底色是粉色的，中央图案是一颗巨大的心形红色气球，气球上坐着共同举着一枝玫瑰的男孩、女孩，比喻为青梅竹马，两小无猜，充满了稚嫩的童趣。

这枚邮票除了传统的齿孔之外，还在红心周围打制了一圈齿孔，用这些齿孔又构成了一个心型图案，其后的情人节邮票设计都延续了这种风格。这张邮票还有一个独特之处，就是用手只要轻轻一擦邮票画面，马上就可以闻到玫瑰花的香味，立刻感受到爱情的芬芳。

第二枚情人节邮票由著名的 Arnold + Vuga 设计室设计，邮票规格也是 44 x 44 mm，于 2004 年 1 月 22 日发行。这枚邮票心形的主角是两只"恋爱中的小猫"，他们坐在一面紫色的墙上，两条小尾巴扭成一个心形齿孔，在月光下海誓山盟，相依相偎。2005 年发行的第三枚邮票规格、样式等与前两张一样，但画面的主角则换成了爱神丘比特。第四枚邮票也很有意思，图案采用漫画手法，一对男女紧紧拥抱在一起亲密无缝，但是最奇特的地方是他们彼此共享同一只眼睛。第五枚邮票的主题则是爱情中最甜蜜的时刻，新婚燕尔。今年是我们中国传统的鼠年，可能斯洛文尼亚邮政部门从中借鉴了我们中国元素，所以今年发行的这枚情人节邮票，主角竟然是两只可爱的老鼠，卿卿我我地抱在一起，含情脉脉，令人感动。

正因为爱情是甜蜜的也是美妙的，所以千百年来吸引了无数作家、艺术家去讴歌去赞美，邮票设计家们也在这方寸上留下了无数赞美爱情的佳作。望着这些邮票，我自己已经深深地陶醉其中，斯洛文尼亚这个充满爱情与诗意的国家，很多东西让人难以忘怀，带走的是一片记忆，留下的是一片祝福。此时外面的钟声响起，我的思绪也随着眼前这些美丽的邮票飞回了祖国，飞回了北京，第 29 届奥运会还有 8 天就将开幕。

Life's a Journey

"699 美金飞遍新东欧"的行程到这里也告一段落了，明天早上就将由这里前往意大利，之后飞返伦敦回到祖国。一路上的心灵感悟、一路上的种种经历都已化作了涓涓文字，化作了记忆中的点点滴滴。借用 2006 年斯洛文尼亚邮政局在发行第四套情人节邮票时，特意写的 "Life's a Journey" 这句意味深长的话送给阅读本书的所有的读者，祝福所有的朋友们心想事成，美梦成真！希望在下一次周游世界的路上有你、有我、有我们。

后　记

　　修订完最后一遍校样，我终于可以让自己的思绪平静下来，从对东欧之行的回味中出来，有时间回忆起"3000美金"周游世界的那段岁月，回想起这6年间我所走过的风风雨雨。

　　从一个人旅行天下到走上世界500强公司的讲台，从一个人周游世界到想帮助更多的人走出国门，从一个人海外留学到今天创建起"兆瑞环球网"……我的人生轨迹在这6年之中发生了巨大的变化，而这一切都来自我的朋友们、读者们、同事们或直接，或默默的支持。

　　我不敢忘记在钱塘江上与我促膝长谈，鼓励我创业的余飞跃会长、王国霞女士、何一兵先生，也不敢忘记在整个公司组织架构上给我指导的叶谋盛先生、赵僖先生、沈飞先生，更不敢忘记为了兆瑞环球网的长远发展，一直信任并支持我的海内外风险投资家们……还不敢忘记的是在兆瑞环球网的发展过程中给予无私帮助的周东芳女士、杨继光老师、辛少瑛老师、王锦先生、党英小姐、许亮先生、王延光先生、郭东杰先生、刘巍建先生以及为组建"兆瑞环球俱乐部"而无偿工作的柯利明先生、罗光耀先生、王冬梅女士、孟欣女士。没有这些朋友们的鼎立支持，我不可能执着地将帮助普通中国人实现周游世界梦想的事业坚持到现在！

　　还要感谢的是旅游卫视的刘润州先生，与"299美金飞遍东南亚"一样，他不仅对本项目大力支持，而且继续派出旅游卫视优秀的制片人王斌先生全程跟踪拍摄，记录下旅途中的点点滴滴，使读者能够在阅读文字的同时，也能在电视上看到鲜活的影像资料。他们的鼓励和支持同样让我深为感动。

在本书出版过程中，首先感谢的是中华书局的总经理李岩，没有他的眼界与胸怀，本书很难在如此短的时间内与读者见面。在本书的策划编辑中，责任编辑王军先生付出了辛劳的工作，耗费了大量的心血，其雷厉风行、勤勉认真的工作作风值得我学习。还要感谢的是在写作此书过程中给予我极大帮助的李夏老师、曹杨老师、卞晓宁老师、陈本虹老师，他们对本书的出版给出了很多中肯的意见。

最后，我还要感谢这一年多来，一直给我信心和支持的Liliy，她帮助我减轻了很多压力，使我能以饱满的激情处理公司事务并完成一次次"行天下"的计划！

一个人的旅行孤独却因为梦想而开心，一个人的创业艰辛却因为目标而快乐。感谢我所有的朋友们，过去的，现在的，还有将来的！

朱兆瑞

2008年9月10日于北京

亲爱的读者，感谢您购买正版《699 美金飞遍新东欧》一书。如果您有意凭此书中所附的唯一序列号码参加由兆瑞环球网举办的"购书兑国际机票"活动，请您仔细阅读活动规则，按要求登陆 http://www.3000you.com 参加本活动。

兑换国际机票的流程

1. 在阅读并认可本活动规则的前提下，读者可凭《699 美金飞遍新东欧》一书中所附的唯一序列号码，登陆兆瑞环球网（http://www.3000you.com）进行验证，并按网站相关指引正确输入乘机人的姓名、性别、护照号码等个人信息，验证注册成功之后，同意并遵守"兆瑞环球俱乐部"的相关规定，即可搜索相关国际机票的信息。

2. 当读者发现网站上有自己满意的可兑换的国际机票信息时，即可在兆瑞环球网的工作时间内，拨打电话 0086-010-59603000 进行预定。在兆瑞环球网工作人员的协助下，读者向有关航空公司支付本流程 3 所列的税费到航空公司账户后，即可兑换到单程国际机票一张。

3. 本活动中所有用于兑换的国际机票的税费部分（包括但不限于机场税、出入境税、燃油附加费和行李托运费等相关费用）须由读者或乘机人自行负担。

4. 国际机票出票时，乘机人即与该国际机票上列明的承运航空公司达成航空运输合同，乘机人的一切相关权利和义务的相对应方为该航空公司，国际机票具体的使用规则由该航空公司规定。出票后，有关国际机票更改姓名与航程、签转、退票、延期、机票遗失补发等相关手续均需乘机人与负责承运的航空公司直接联系，按该航空公司的相关规定办理。如乘机人需要兆瑞环球网协助办理上述相关事宜，兆瑞环球网将收取一定费用。

5. 乘机人在登机、飞行及降落等过程中产生的，包括但不限于损害、受伤、死亡、或财产损失等所有相关事宜以及与此相关的索赔均应直接向承运的航空公司提出，按照航空公司的相关规定办理。

6. 读者可以亲自或委托他人兑换国际机票，也可以自由无偿转让序列号码由受让人兑换。若读者或受让人不具有完全民事行为能力，申请时必须由其监护人兑换或委托他人兑换。

7. 乘机人乘机时必须遵守所乘航空公司的规定及相关国家或地区的法律。如有违反，乘机人自行承担所有损失和责任。

8. 兑换儿童或婴儿国际机票的标准同成人标准一致。

9. "购书兑换国际机票活动"的截止日期为 2009 年 12 月 31 日，逾期序列号码作废。

10. 每本书中所列的唯一序列号码只能兑换一张国际机票。

名词定义

在使用条款中，若未另行注明，则下列名词的定义为：

【兆瑞环球网】系"购书兑换国际机票活动"的主办方，负责本活动有关事宜，网址为 http://www.3000you.com。

【读　　者】意指购买《699美金飞遍新东欧》正版图书的读者。

【机　场　税】意指世界各国机场收取的税费，具体的税项及金额各国并不相同。

【不　可　签　转】意指出票后不能更改航空公司。

【不　可　改　期】意指出票后不能更改国际机票上所列日期和时间。

【不　可　更　名】意指出票后不能更改乘机人的姓名。

【不　可　退　票】意指出票后不能退回所交全部款项，包括机场税等所有费用。

【国　际　机　票】意指两个国家或者一个国家和一个地区之间或者一个地区和一个地区之间以及这些国家（不含中国）或地区内部之间的点到点单程实名制机票。

【出　　票】意指读者或乘机人向兆瑞环球网确认航班信息，并支付相应税费到有关航空公司账户后，航空公司出具的国际机票。

免责条款

1. 兆瑞环球网保留随时修改或修订本活动规则之权利，保留取消或更换活动方案的权利，毋须事先通知。兆瑞环球网不就本活动规则修改或修订对任何人所引起的不便、费用、损失或损害承担任何责任。本活动以兆瑞环球网站上发布的规则为准，相关规则修订和变更的通知或声明将通过 http://www.3000you.com 发布，读者可登陆兆瑞环球网查阅。

2. 兆瑞环球网会尽合理的努力，确保读者能够兑换到国际机票。但是，国际机票是由兆瑞环球网的合作伙伴——相关航空公司提供的，这些合作伙伴并不受兆瑞环球网控制。因此，兆瑞环球网不承诺也不保证每日所公布的每班航班的机票数量，读者先兑先得。

3. 某些国家或地区现行法律或本活动实行过程中某些国家或地区颁布、修订的法律，可能会限制本活动的施行。为此，兆瑞环球网可能采取本活动规则变更、修订或其他措施，由此可能导致读者或乘机人的损失，兆瑞环球网恕不负责。

4. 乘机人需支付所有适用的税金、费用、税捐和（或）与发出或使用兑换机票相关的追加费用（包括关税、检查、安全、农业及离境费用），以及取得国际机票所需的必要文件，包括签证、疫苗注射证明和保险单据等。

5. 因为非主观原因，造成兆瑞环球网不能正常访问时，兆瑞环球网不承担任何责任。

6. 兆瑞环球网对本活动规则保留最终解释权。

法律顾问： 高博隆华律师事务所
BEIJING GLOBE LAW FIRM

北京高博隆华律师事务所　李和平律师

用头脑去行走、用智慧去生活

——朱兆瑞全国百所高校公益演讲

北京市： 北京大学、中国人民大学、中国传媒大学、对外经济贸易大学、北京邮电学院、北京第二外国语学院

上海市： 复旦大学、同济大学、华东师范大学、上海外国语大学、上海财经大学、上海师范大学、上海实用技术学院

湖北省： 武汉大学、中南财经政法大学

福建省： 厦门大学、福州大学

江苏省： 南京师范大学、南京中医药大学、苏州大学、南通师范学院、徐州师范学院、扬州大学

浙江省： 浙江大学、杭州商学院、浙江师范大学、温州大学、宁波大学

广东省： 中山大学、深圳大学、广东商学院、暨南大学、广东外语外贸大学、佛山大学

贵州省： 贵州大学、贵州财经学院、遵义医学院

云南省： 昆明师范学院、昆明医学院

海南省： 海南大学

湖南省： 湖南大学、湖南师范大学、衡阳师范学院

重庆市： 重庆大学、四川外国语学院、西南师范大学、重庆工商大学

四川省： 四川大学、西南财经大学、四川师范大学、成都电子科技大学

安徽省： 中国科技大学、安徽大学

山东省： 山东外事翻译学院、山东经济学院、山东商学院、青岛理工大学、青岛科技大学

河南省：中州大学

天津市：南开大学

山西省：山西大学

陕西省：长安大学、西安外事学院、宝鸡文理学院

甘肃省：兰州大学、兰州商学院、甘肃政法大学

青海省：青海民族学院

新疆维吾尔自治区：新疆师范大学

吉林省：吉林大学珠海校区、东北师范大学、吉林大学、北华大学

辽宁省：东北大学、辽宁大学、沈阳师范大学、大连外国语学院、大
　　　　连海事大学、东北财经大学、辽宁师范大学

广西壮族自治区：广西师范大学、广西工学院

黑龙江：哈尔滨工业大学、齐齐哈尔大学

江西省：南昌航空工业学院

河北省：河北科技大学

内蒙古自治区：内蒙古工业大学

宁夏回族自治区：宁夏大学

（注：学校排名不分先后，截止到 2006 年 ）

图书在版编目(CIP)数据

699 美金飞遍新东欧/朱兆瑞著. – 北京:中华书局,
2008.9
(跟兆瑞行天下)
ISBN 978 – 7 – 101 – 06311 – 0

Ⅰ.6… Ⅱ.朱… Ⅲ.旅游 – 东欧 Ⅳ.K951.09

中国版本图书馆 CIP 数据核字(2008)第 141118 号

书　　名	699 美金飞遍新东欧
著　　者	朱兆瑞
丛 书 名	跟兆瑞行天下
责任编辑	王　军
出版发行	中华书局
	北京市丰台区太平桥西里 38 号　100073
	http://www.zhbc.com.cn
	E – mail:zhbc@zhbc.com.cn
印　　刷	北京瑞古冠中印刷厂
版　　次	2008 年 9 月北京第 1 版
	2008 年 9 月北京第 1 次印刷
规　　格	开本/880×1230 毫米　1/32
	印张 10¾　插页 12　字数 260 千字
印　　数	1 – 100000 册
国际书号	ISBN 978 – 7 – 101 – 06311 – 0
定　　价	29.90 元